Psychic Dreamer

Exploring the Connection between Dreams and Intuition

靈性夢境

預知未來、啟動直覺力與內在療癒

麥可．蘭諾克斯博士 著
Dr. Michael Lennox

石一久 譯

謝辭——

若是少了這許許多多位做夢者的參與，這本書便無法完成。

在此，我要感謝他們所有人，願意如此坦誠相待地與我分享他們的故事。

我要特別感謝洛琳，她是對我最寬容的讀者，還要特別感謝我的團隊，

沒有他們，一切將只是泡影（謝謝麗莎、佩斯里、強納森、奏和艾迪）。

目次

前言——夢境是潛力的源頭

每個人都有直覺，那什麼是直覺？

韋氏字典的定義是：「一種能力，未經理性思考或推理就直接獲取知識或認知內容」。換句話說，直覺是知曉與會意的感受。只不過，這份了解不是來自於外在證據，而是奠基於內在感知。憑感覺便得知事物的本質，透過這種感知能力，我們便能得知事物的本質，但是它與形塑世界觀的理性思維不同。注重思考的心智是主要的自我意識，它不斷發出聲音，讓你知道自己是誰、人在哪裡。

法國哲學家笛卡爾的名言「我思故我在」充分顯現了這個概念。人們都相信，存在於腦中的敘事者是帶領自己人生方向的嚮導。不過，其實我們還具備其他感知能力。

我們經常會把直覺想像成從內心發出的幽微聲音，它小得令人難以察覺。於是，當它在我們的耳際悄聲提示、發出指引時，就很難加以因應及實踐。腦裡的敘事者總是在喋喋不休，但得降低它的音量，我們才能聽清楚那寂靜、幽微的聲音。儘管每個人對於「內心獨白」(inner monologue)的理解與體會都不盡相同，但我們還是可以合理的假設，大部分的人都是理性、誠實地在盤算事情，並在心裡清楚地跟自己對話，而其他感知能力的重要性也因此相形失色。

等到入睡的時候，情況就不一樣了。日常思緒會連同意識一起睡去。每天晚上有六到九小時的時間，我們會徹底遁入另一個世界，臣服於睡眠所帶來的甜蜜死亡體驗。每到早晨，大腦便重新開機，注重思考的心智瞬間甦醒，我們又重生、復活，並重拾熟悉的既有觀念：我思故我在。

然而在睡眠期間，心智可不是正常運作。在不同的睡眠階段中，我們一層又一層地往下墜落至心靈深處，並與存在本身建立起深度的連結。現實逐漸褪去，我們走進夢的國度，進入那個凡事皆有可能、萬物均將幻化成形的世界。講求理性的心智在沉睡，那幽微的聲音便可以藉由夢境而不受拘束地放聲高歌。於是，我們觸及直覺的能力會如同指數成長般地飛速激增，很多人因此經歷到具有預知力的夢境，而隱約得知未來將會發生的事。

第一個夢境的啟發

我所記得的第一個夢發生在我三歲的時候。在那個充滿神祕色彩的夢裡，我身在虛無的空間。時隔多年以後，我看了電影《駭客任務》，有一幕劇情是：兩位主角進到了尚未載入任何資訊的母體程式的內部。我的夢境就跟這一幕非常相似，我置身在一個廣闊無邊、卻空無一物的空間裡，我唯一清楚的感受，就是自己的小小身體。

我意識到，我的頭頂上方有某種巨大的存在；在我的腳下，則有某種無限微小之物。這個夢境有如一場夢魇，但也是因為它如此嚇人，所以深植於我的內心。我做過這個夢很多次，多到已銘刻在我的記憶中，直到今天我還可以清楚記得那種感覺。

長大後，我很快理解到，這個夢境旨在探討「無限」的本質，而它也成為我的精神支柱，促使我去不斷地挖掘自己人生的主要意識與驅力。從此以後，探索神祕事物成為我生活的最大動力，它對我的影響力勝過我早年有過的某些渴望。三歲大的我並不曉得自己往後的人生將會如何發展。也許，我的「高我」希望以此夢境來引我入門，引導我去認識更深層的意識。

很久以前，我就將太陽系和原子模型的結構聯想在一起，兩者都是由許多微小的粒子繞著一個中央核心運行。龐大浩瀚的物體、小到不可思議的物質……這兩者所共有的相似性，令我大感驚奇。正值青少年時期的我還把這件事告訴我那凡事講求科學根據的母親。但是在過了好幾年之後，我才試著把這件事與我早年的夢境串聯在一起。

時間快轉來到十幾年後，我在洛杉磯第一次參加了有關夢境與解夢的工作坊。過程中，參與者得分享自己對夢境感興趣的原因及面向，於是我分享了我在三歲時做的那個夢；那是我第一次認真地嘗試描述它，包括它帶給我的感覺。我還想到分子結構與太陽系組成的相似處，以其夢中世界是如何開拓我所走的靈性道路。總之，我認真地把它們兜在了一起了。沒過多久，我便開設了自己的工作坊，並在三十歲出頭時，接觸到我的第一位個案。

執筆之際，我從事夢境相關的工作已逾四十載。這段期間的經歷我都記錄在這本書中，並加入一些相關的科學知識和神祕學脈絡。多虧有社群媒體的助力，我現在可以接觸到成千上萬名做夢者。我邀請他們分享自己的夢境，因此有機會得知第一手的夢境故事，並透過本書來呈現。我相信這將對你有所啟發。你應該會好奇地想知道，要如何在夢中世界探索生命的奧祕。

沒錯，我們都擁有直覺，而且有很多人希望能開發及擴展這項能力。有技巧地觸及內心那股寂靜、幽微的引導聲音，就能活出優雅的人生；隨著直覺能力的成長，便會更容易進入所謂的「心流狀態」。人在睡覺時最能汲取這種內在智慧，設法留意並分析夢境帶來的訊息，就能直接、有效地強化自己在清醒時與它的連結。你的夢已準備好要助你一臂之力，請不要猶豫，懷抱著熱情繼續往下讀，套一句我常說的話：「現在就開始吧！」

第1章

預知夢

理解自己的夢境狀態，就能接觸到預知性的訊息。在此先統整某些詞彙的用法，好讓大家清楚理解何謂預知以及莫名冒出來的預感。雖然量子物理學很難理解，但在科學家的說明下，人們通常可以想像自己存在於多維度的世界，至少也能相信它是真有其事。信奉神祕主義的人都知道，透過某些方法，我們就能同時生活在兩個世界。一方面，我們自在地安住於由時間所推動、只能往前進的三維世界，但又能連結到不受時間管轄的四維世界。從能量的角度來看，我們一生的大小事自始至終都是同時存在的，不受限於當下這一刻。它們是隨時可供瀏覽、存取的訊息，只不過是有些人更為敏銳，能察覺到這一點。

多維度世界

要理解不同維度的差別，方法很簡單，先從我們最熟悉的三維世界來理解二維世界。三維世界有高度、寬度和深度。拜網路、社群媒體以及拍照功能強大的手機所賜，我們經常在創造二維意識，使它成為構築現代文化的穩定要素。如今不管是拍照、繪圖、寫字或製作抖音影片，都是在創造二維作品，並輕鬆地存入三維機體。現在，請試著想像更高維度的層次，它不受時間順序的限制；在那裡，你從出生到死亡的每個瞬間都一覽無遺。

我對靈魂的定義是：人之於生命整體的意識。我們誕生在軀殼中，生命的歷程從第一次的呼吸開始，直到最後一次的呼吸結束。站在高我的層次就能明瞭生命歷程的始末；日子一天一天過去，在生活中創造的事物便會串成人生。那段屬於你的人生，就像你在四維世界為自己拍攝的抖音影片。我們隨時都與這個層次的意識保有連結，它知曉自己的生命從開始到最後的每個片刻。而擁有超自然天賦的人，便是有能力去觸及這個四維意識；在這個層次中，過去和未來只隔著一層薄紗。他們身在尋常的環境中，但也能神遊、前往奇異的空間，並向我們轉述他們的所見、所感、所聞。

基本上來說，每個人都有能力觸及四維意識，正如只要會說話就會唱歌；嚴格講起來，唱歌就是把聲音維持在固定的音高而已。是的，每個人都會唱歌，但要是缺乏敏捷的聽力來調整音準，聽眾便無法享受到悅耳的歌聲。同樣的道理，每個人都能感受到自己與四維世界的連結，不過有些人的天賦更強，更有能力觸及那個領域。

經由訓練和練習，就能增進及放大直覺力。進入夢鄉後，就會自動與那層意識建立連結，直覺性的訊息不再被篩選掉。思考性的心智陷入深層的睡眠後，感知才得以跨過隱形薄紗，潛入一窺潛意識的不同世界。

人們常說，時間是假象，這麼說不完全正確。我們感受得到時間的流動，而這副軀體就是交流的場域。每個人都有心智，在經歷時間之流的同時，也能感知到時間所構築出來的世界。心智可以回首過去，也可以展望未來，縱使身體除了活在當下這一刻，哪兒也去不了。我們能從歷史的洪流中汲取教訓，以此來規劃未來的方向。但是，心智能力非常有限，甚至會阻礙我們憑直覺來聽取高維度的指引。

在清醒狀態下，想要獲得感知，唯一能憑藉的工具就是心智，但是我們不能完全地信任它。不過，大多數的人不是忽略直覺，就是被各種身心的感受所迷惑，不曉得要如何相信直覺所透露的訊息。你一定聽過這句話，而且你應該也曾經對自己這麼說：

本能反應要我那麼做（說），但我選擇忽略它。

本能反應就是直覺在起作用，也就是身在四維世界、不受時間限制的自己所傳來的訊息。在清醒狀態下，我們接收此微弱訊息的能力都會被關閉，因為講求思考的心智會排拒它們。睡著與做夢時，偏好思考的心智也會跟著沉睡，我們便能自由地透過預知夢來跨越時間的限制。

以輕鬆的心情看待預言實現

我在十七歲時做過一個夢，情境稀鬆平常。我夢見自己身在當時就讀的中學裡，但校園的樣子跟實際上有些差異。在夢中，我盤腿坐在地上，跟其他同樣盤腿坐著的人圍成一個圈。就只是這樣。那時候的我很熱衷於探索夢境，也很樂於在每天睡醒後，反覆咀嚼在夢中造訪過的形形色色的場景。而那場夢境的畫面在我腦海中不時浮現。我很常做夢，每當想起那些景象時，我總是帶著崇敬的心情。不過，我要等到才成年後才開始記錄夢的細節，雖然我對夢的癡迷從青少年時期就出現了。

大約一個禮拜後，我去參加舞蹈排練。高二高三時，我每天都去練舞。學校開的舞蹈課內容很全面，而帶課的體育老師年輕時也是舞者。參加舞團是我人生諸多特殊嘗試之一，我藉此度過了煎熬的青春歲月。

那天，排練的出場順序引發了一些糾紛，所以希克斯老師要大家坐下來進行團體討論。同學們聽話照辦，接著圍成一個大圓，然後盤腿坐下——就跟我在夢裡看見的畫面一模一樣，但過了幾分鐘後我才意會到這兩者的一致性。這種震撼又強烈的感受讓我覺得，我彷彿接通了某種強大的直覺力。當時的我還不曉得要怎麼用言語來形容，但是現在我知道，那就是我的第一個預知夢。

我在為本書蒐集資料的時候，發現有一種類型的預知夢十分常見。很多人都有過類似的經驗，夢中出現一些徵兆，以預示日後將要發生的事，而且大多沒有害處。許多年前，有位客戶跟我描述過，她在夢裡盤腿坐著，跟一群坐姿相同的女人圍坐成一圈。大約過了一週，她去參加一場冥想活動，沒想到現場來的人全都是女性，而且老師要大家採取蓮花坐姿、圍坐成一圈。

當她意識到眼前的情景與夢境完全相符時，驚訝得下巴都要掉下來了。從宏觀的角度來看，這樣的夢境還不能改變人生境遇，但是它卻證明了，做夢能抹除界線；時間不再以清醒時所感受到的線性方向前進，好讓直覺發揮作用。

許多人以為做預知夢是聽取直覺指引的入門方法。但我的學員克里斯蒂提醒我，大家都沒發覺到這當中有個盲點。她說：

是的，我常常會做預知夢，不過，直到事情真的發生前，我並不曉得那是預知夢。夢境實現時，時間會突然變慢，我只能任憑事情發生。我曾試圖干預將要發生的事，但卻造成一片混亂。於是我記取教訓，在事情發生的當下靜靜待著就好。

想要與夢境建立深厚的關係，就要學著用放鬆的態度去見證夢境化為現實的過程。有時你就是必須信任潛意識與意識的相互配合與運作。

預知夢的情節在你我醒來的隔天或不久後，便會實際發生在現實生活中。很多人都沒有意識到自己做過預知夢，因為他們沒有花太多心思去留意夢到了什麼。不過，有些人不光是能做預知夢，更有辦法從夢境接觸到超自然訊息。他們是貨真價實的夢境預言者，更能找出夢境與未來事件的連結。這種天賦會跨世代遺傳，手足、父母及祖父母皆擁有相似天賦的案例並不在少數。

案例分享——琳達的車子

琳達在受訪時告訴我，她這輩子做過很多預知夢，但是這些年下來，情況有了改變：「自從我不再固執己見後，就不太會做預知夢了，反而是會出現直覺性的幻象。」這反映出一個很有趣的事實：隨著年齡與智慧的增長，有些人更能敏銳察覺到自己的天生直覺。琳達分享了在她心中排行前三名的夢境。

第一，她常常夢見自己在擁擠的道路上開車。她行駛在中央車道上，時速逼近每小時一百一十公里。突然間，前方車輛減速，她急忙踩下剎車，車子卻停不下來，接著她就醒了過來。這個夢在短時間內重複出現了三次，每次的情景都一樣：一路疾馳、前方車輛急停、剎車失靈。在現實生活中，她的車子開起來沒問題，也沒有異常的跡象。但琳達還是決定開到修車廠檢查看看。結果，修車技師發現剎車系統有多處故障。所幸琳達事先處理，否則後果可真是不堪設想。

在另一個夢裡，琳達在開車上班的途中，看到一輛大卡車從路旁竄出，她來不及轉向就迎頭撞上，並於夢中當場死亡。這些畫面十分鮮明，令她難以忘記。那天早上，琳達出門上班前告訴丈夫這個夢，而車子開到夢中發生意外的十字路口時，她提高警覺、小心放慢了車速。這謹慎的態度確實值得嘉許，因為那輛卡車真的就在她眼前違規右轉。幸好琳達已有所準備！要是她沒有慢下來，那場夢就會成真，就沒有辦法跟我們分享這個故事了。

在分享第三個重要的夢境時，琳達補充提到預知夢的關鍵特點。她說，只要你做過很多預知夢，下次再出現時，便會對它產生熟悉感；這種感覺十分細微，但卻是真的存在。我們接下來會再談到，普通的夢以及神祕的夢兩者所呈現的整體感受完全不同。

琳達花了大半輩子在密切地關注她的夢境，因此能區分得出兩者的微妙差異，並在出現預知夢時會加倍地用心留意。正因如此，為了保險起見，她才會特別麻煩修車廠做安全檢查，即便她的愛車在現實生活中看似並沒什麼大礙。

案例分享——伊麗莎白的家人

伊麗莎白自幼年起就會做預知夢。她從小就經常做夢，而且畫面生動而鮮明。她表示：「我很早就知道要留意夢的內容。夢境帶給我的感受很強烈，我想要不去注意它都很難。」這種心境我個人很能感同身受。雖然她身邊的家人沒有這樣的能力，不過她有些遠親曾在夢裡遇到逝世的親人。因此，她的家庭環境確實有些特別，令她擁有強大的夢境體驗。

伊麗莎白說，自己已記不清楚這些夢是從何時開始出現的，因為那都是她小時候的事了。她與我分享的第一個故事，是她快要入學前所做的夢。她在一間教室裡跟一個小女孩玩，而兩人因為不專心聽課而惹上麻煩。果不其然，在現實生活中，五歲的伊麗莎白在入學後，便遇見了那個小女孩，兩個人也真的因為不聽師長勸告而受罰，與她夢裡的情節如出一轍。

又一次，伊麗莎白夢見自己放學後正要從公車站走回家：以下便是伊麗莎白對於這個夢境的描述：

我當時大概是七、八歲，夢到自己從公車站要走回家，走到我家信箱前面時，住在隔壁巷弄的朋友一路跑過來，一邊大叫著我的名字。她的神色很慌張，又提到我哥的名字。等她跑到我身邊的時候，我才聽懂她的意思：我哥受傷了，要我趕快過去。我轉頭往家的方向看了一眼，夢就結束了。但也許是我不記得後面發生什麼事了。

伊麗莎白當時只是個孩子，儘管有過類似的經驗，但是她稚嫩的童心依然只當它是單純的夢境。她並未加以理會，也沒有告訴任何人，也不曾想起它。過了幾個月，當那場夢早已成為塵封的記憶時，有天她從公車站走回家，剛好走到自家信箱前面時，住在隔壁巷弄的朋友突然從街角跑過來，慌慌張張地嚷嚷著。雖然他大喊的事情跟伊麗莎白的哥哥無關，但是這似曾相似的情景，讓那場夢的記憶在瞬間湧上她的心頭。於是伊麗莎白跑進屋裡去找母親，說自己有股很強烈的預感，好像家裡會可怕的事。果真，她的哥哥在不久後發生嚴重的車禍，在醫院昏迷了好幾個星期，還得透過復健重新學走路。

伊麗莎白是多產的做夢者，體驗過很多的預知夢。那些寫實的畫面在她醒來後幾天便會在現實世界中重現，但有時會等好幾個月才成真。

偶然夢見不認識的女孩子，是大家常有的經驗。只是任誰也想不到，在幾個月後，伊麗莎白所夢到的女子竟然變成了她的同事，而且對她當時的人生階段非常重要。伊麗莎白在成年後，還曾夢到貌似主管級的人物出現在她的夢裡，結果證明，那是一年後伊麗莎白在找工作時所遇見的面試官。除此之外，她在夢裡還看到好幾次風格類似的房屋，原來那是她在幾個月後即將要遷入的新家。就連親人去世的過程，也預先顯現在伊麗莎白的夢中：她近身看著病床上的母親離世，就跟她後來在醫院中經歷到的場景一樣。

案例分享——黎奧諾拉的黑霧

黎奧諾拉跟有些人一樣，天生就容易潛入夢中世界，在夢裡看見的畫面也總是栩栩如生。她從兒時開始就把它們視為真實的經歷，而不只是夢境。對她這樣的人來說，夢境比現實人生更加真實。她說：「我從小就告訴別人，我在夢裡所感受到的一切，比睜著眼睛所看到的還要真實。」在我撰寫本書的這幾年間，世界上發生了兩起重大事件，它們在人類的集體意識中佔據了顯要地位。其一是蔓延全球的新冠肺炎疫情，另一起事件則是烏俄戰爭。在這兩次浩劫降臨前，黎奧諾拉都曾於夢中瞥見徵兆。

在疫情爆發前的一個月左右，黎奧諾拉夢見有一團巨大的黑色煙塵籠罩了整個世界。她強烈地感覺到，人們必須用愛來與彼此連結，並應該及時地聯繫至親好友，給對方一個擁抱。隨著夢境的情節發展，她了解到「必須趁還來得及的時候，跟心愛的人好好聚一聚，盡情地跳舞」。

夢裡的畫面太過逼真，她在醒來後，十分確定當中具有某種真實性。隔天她去逛超市時，就試著告訴路人要互相擁抱，找時間跟所愛的人相聚，以免之後有很長的一段時間要分離。想也知道，她在超市看起來像個傻大姐。但在一個月之後，新冠疫情爆發、世界停止運轉，她說得沒錯，確實得等好一陣子，我們才能與所愛的人相擁共舞。

案例分享——珊卓夢到的金髮女子

珊卓在三十歲出頭時踏上靈性探索的旅程，她在自家附近的神祕學學院上課，接觸到一些靈性的理論，藉此梳理出自己的人生脈絡。她還認識了一群志同道合的好夥伴。那是一段多采多姿、活力四射的時光，她不僅正值新婚，也開始要投入心理健康的專業工作。後來，她面臨到不孕症的考驗，數次侵入性療程加上兩次令人心碎的流產，使得那段日子特別艱難。以下是珊卓那時經歷的一場夢境：

我坐在公園裡，那是個天氣晴朗的好日子。離我不遠的小山坡上，有三個跟我上同一間神祕學學院的女人在談論我的情況。我認得其中兩個人，但是不知道另一名金髮女子是誰。她們在討論我為了成為母親所遇到的各種阻礙，包括生理、心理、情緒和靈性層面等，並試著從能量療癒的角度來提供建議。我覺得像是不小心偷聽到有個很關心我的「治療小組」在對話。忽然間，我不認識的那位金髮女子朝我走了過來，並對我說：「想找人聊聊的話，歡迎來找我，這是我的名片。」我接過那張閃亮亮的白色小卡片，夢就結束了。

事情接下來的進展就很神奇了，雖然珊卓對此也並不陌生。做了這個夢之後，她跟平常一樣去神祕學學院上課。有天，坐在聽眾席的一位金髮女子吸引了她的注意。課堂的氣氛非常自由開放，所以珊卓自然地走近這名女子，開口對她說：「我知道這聽起來有點奇怪，但我夢到妳遞給我名片，還叫我來找妳。請問妳是做什麼工作的呢？」那名女子聽完後開懷大笑，說自己是能量療癒師，並「再次」向珊卓遞出名片。

珊卓立刻跟這名女子預約時段，這是她第一次接受能量治療，所以效果特別顯著。她提到，那是非常深層的療癒體驗，而且影響深遠。她因此了解了形成創傷的主要機制，包含現階段所受的傷害，以及往日遭逢的困境，透過能量治療，她也經歷了強而有力的轉變，並獲得了療癒。

「經由生育而成為人母」，這條路並不在珊卓應經歷的人生清單中。透過這些深層的治療，她得以放下內心的掙扎，平和地接受自己的身體，以更優雅、更慈悲的姿態來成為母親。還有一群女性給珊卓無比的關懷與支持，並共同完成療癒性的儀式。對她來說，這些回憶仍歷歷在目。

在那之後，珊卓經歷了第三次流產，並決定辦理領養手續。那位金髮療癒師並沒有參與這後半段的過程，所以無緣看到珊卓當了媽媽、過著非常幸福的日子。但是她們彼此的神祕連結開啟了珊卓的療癒之路。珊卓在經歷了那場夢境後，鼓起勇氣去跟那個既熟悉又陌生的女子搭話，證明了有神靈在帶領珊卓一步步前進。夢能帶來預知的訊息，並影響我們日後所做的決定，進而改變我們的人生。

案例分享——唐娜的抗癌之路

我所遇過最多產、也最活躍的預知夢達人，是我在洛杉磯的癌症病友社群認識的。

我在當地開辦了夢境分享小組，多年來，有很多癌友受到吸引而來參與。我與這些病友密集接觸，因此累積了夠多的實務經驗。於是我向一家財力豐厚的癌症照護機構提議，讓我每個月舉辦一場夢境分享會。

我成立了這個深具影響力的社團後，有位忠實的支持者固定會來參加活動。她具有強大的預知夢天賦，也常經歷超自然的夢境。她試圖接納這份神賜的禮物，並不斷經歷迷人的夢境。

唐娜的故事要從她祖父開始講起。祖父跟她一樣，天生擁有做預知夢的能力。但是祖父並不樂見她產生這些神祕的直覺性體驗，最好是能切斷與它的聯繫。唐娜在五歲的時候切除了扁桃腺，這在當時是很常見的手術；以前人們經常移除含有大量白血球、隸屬於免疫系統的扁桃腺組織，以解決喉嚨感染病毒。

在手術過程中，五歲的唐娜大量出血，還發高燒、神智不清。在險境中，她的身體受到激烈的重整與刺激，於是靈魂出竅；過程中，唐娜感受到有天使圍繞在她身邊照顧她。

唐娜是由祖父母帶大的，因為她雙親都在工作，照顧孩子的責任便落在老一輩的人身上。唐娜向祖父提到靈魂出竅的事。「我看到天使了。」唐娜語帶驚奇地對他說。祖父馬上將一根手指擺在唇邊，暗示她別再說下去，也不要對任何人提起這件事。他告訴唐娜，他也一直有過類似的經驗，但許多人都沒有這種經驗，說出來的話，他們會誤解妳，還會把妳當成怪胎。

唐娜將祖父的勸誡牢記在心，直到四十多年後，才敢敞開心胸接納這份強大的靈性贈禮。它一直在等著被喚醒，只是那一刻要等到唐娜六十歲出頭時才真正到來。

唐娜在六十三歲時被診斷出罹患癌症，那是人生最為殘忍的歷程。新聞媒體不斷地轟炸大眾，說有哪位癌症病患又奇蹟般地康復。故事裡的主角總能勇敢地直面令人心痛的消息，並轉換成截然不同的心態去打倒病魔。但實際上，很多人並沒有辦法以這麼戲劇化的方式面對問題，而是被頑冥的身體狠狠擊倒，還會與死神共舞，導致自己心理及情緒潰堤。不過，英雄故事還是存在的。罹患癌症、戰勝病痛，是唐娜成就自我的必經之路。

唐娜說，她當時那麼小，卻下定決心逃避她人的看法，並否定自己的天賦。她接著說：「在得了癌症以後，我根本不想管那些了，癌症把我心裡面的那層阻礙剝掉了。你要嘛就當個受害者，畏畏縮縮地活在自己的世界，要嘛就大聲地說：『管它去死，這就是我！』」她提到夢境分享小組帶給她的啟發，並補充說道：「然後，我遇到了一群跟我很相似的人。在參加分享會的過程中，我都在想著：『天啊，原來也有其他人跟我一樣。』」

我認識唐娜的時候，她已經熬過了確診及接受治療的階段，活得既輕鬆又自在，完全接納了自己的直覺天分。她所經歷的預知夢偶爾會涉及到小組的成員，因此每個月聚會時，大家都會討論她的夢境。

為了寫這本書，我主動聯繫唐娜，想深入討論她的預知夢。她也表示，罹癌是她人生中最有感觸、也最重要的經歷；它就像是一道隱形的界線，將她的過去和未來一分為二：

那就好像是人生頓悟的過程。第一步是我被診斷出得了癌症，於是掉進了《愛麗絲夢遊仙境》裡的兔子洞。我不停地墜落、跌倒、翻滾。我很想要爬出那個洞，但最後發現沒辦法，因為我在另一個世界。

於是唐娜決定改變心態，任由這個陌生的新世界擺布。她馬上便感到有股強大的力量在內心擴展開來。她的靈性覺醒了，生活的各個層面都有所改善。如今她已擺脫了癌症的魔掌，恣意逍遙地享受著七旬人生，但她的靈性生活直到最近才剛展開，也已然成為她現階段的生活重心。

預知夢帶給人的感受和感知非常不同，結構和類型也會因夢境而異。預知夢十分奇特，場景的搭建及設定也很清楚。一般夢境的情節通常冗長又迂迴，但預知夢通常會以單一畫面來傳達一件事。對唐娜來說，判別預知夢的關鍵是醒來時的感受。「即使夢裡出現令人費解的景象，我的頭腦仍然很清楚、思路很清晰，整個人瞬間就清醒了。我會很直覺地對那些夢產生強烈的感受。」相較之下，她平常早上起床後老是行動遲緩、全身疲軟，不喝一杯咖啡就醒不過來。

唐娜還提到，她在抗癌路上經歷了許多難以解釋的靈性覺醒。而她最先想起的一個預知夢，與她母親過世有關。她的母親在經歷過中風、手術並罹患血管性失智症後，有好幾個禮拜都情緒激動、焦躁且衰弱，就像是活在「兩個世界的夾縫間」。她時常處在神遊狀態，不過在聽見喜歡的音樂時還是會有所反應。她偶爾會恢復意識，與人進行短暫的對話。

在那段日子，唐娜隱隱地感覺到一股衝動，好像應該對母親說些什麼，好讓她放下掛念、安心地走，離開這副令人受苦的軀殼。某天晚上，唐娜做了這個夢：

我夢見我媽大概四、五歲時的樣子。她穿著一件點綴著粉紅色花瓣和綠色葉子的象牙色短袖連身裙，跟我外公手牽手走在漂亮的公園裡，周圍長了好多茂盛的綠色植物——有樹木和矮樹叢，還有各種顏色的花朵。他們看著彼此，開心地笑著，表情非常快樂、容光煥發，還興奮地講個不停。

那天早上醒來時，唐娜覺得精神矍好的，渾身上下神清氣爽，不過她當時還不曉得，這表示她剛才做的夢有其特別之處。在完全清醒後，她走到母親的床邊坐了下來，牽起母親的手，輕撫她的額頭，溫柔地對她說話，要她牽爸爸的手去公園散散步，因為今天天氣很好。唐娜跟我說：「她捏了捏我的手，露出了微笑。我知道她聽懂了。她深吸了一口氣，身體總算漸漸地放鬆下來。再也沒有任何掙扎。」兩天後，唐娜的母親便安祥地離開了人世。

案例分享——哈維的圓領毛衣

浮現於唐娜夢境裡的預知事件，也會在短時間內從一連串的夢境中顯現。有段日子，唐娜經歷了四個不同的夢境，內容全都與她的好友哈維有關。哈維是個聰明絕頂的科學家，還靠著才華和努力成為作家和詩人。哈維和唐娜在知性的話題上特別聊得來，平日交情也非常好。

某年夏天，唐娜在兩個星期內四度夢見自己和哈維身處一棟豪宅中。他們坐在一張頗具現代感的灰色沙發上，四周是挑高的天花板、赤裸的白牆，腳下是透著美麗木紋與灰褐色光澤的拋光硬木地板。哈維在夢裡穿的是淺灰色的喀什米爾圓領毛衣和淺色長褲。這四場夢接連出現，場景和兩人身上的衣著都完全一樣，因此這幅影像深深地烙印在唐娜的頭腦裡。

而在每一個夢裡，他們都在進行同樣的對話，頂多只有些微的變化。每次都是哈維先問：「妳有聽見那安靜的聲音嗎？」對話的內容都很具體，所以唐娜能有條不紊地把它們記下來。罹癌後，她對人生的看法徹底改觀，也積極地在記錄夢境。在哈維的第一個問題後，唐娜回答道：「有啊。」

哈維又問道：「妳有跟那個安靜的聲音說話嗎？」

唐娜回答：「有啊，它是我的朋友。」

在每個夢裡，哈維總是一字不差地重複問：「妳有聽見那個安靜的聲音嗎？」唐娜每次的回應都略有不同，但哈維的問題都一樣，就好像腦袋找不出其他方法來表達他的想法。在其中一個夢裡，唐娜告訴哈維，她已經跟那個安靜的聲音交談一陣子了；在另一個夢裡，她則向哈維解釋，那個安靜的聲音一直與她同在。

唐娜對於這一連串的夢境感到很困惑，於是主動告訴哈維，他聽完後也一樣表示不解。這些夢境再三出現，明顯是要傳達某個訊息，只是這背後的涵義叫人無法參透。

哈維在一年後被診斷出罹患了失智症。得知診斷結果後，他和妻子去了一趟洛杉磯，並在當地的威尼斯區租了一間房子。唐娜來拜訪時，一走進那間屋子就驚訝地說不出話：發亮的拋光硬木地板，裸露的白牆和挑高的屋頂營造出開闊的視覺效果，沙發是灰色的；不用說，哈維身上穿的也正是淺色卡其褲和喀什米爾圓領毛衣。

哈維已些微顯露出一些失智患者的跡象，但仍然保有足夠的認知能力，還記得唐娜在一年前與他分享的夢境。他們淡然地談起這件事，哈維也坦然地告訴唐娜，與這些夢境有關的回憶，確實為他帶來了些許的安慰與平靜，否則這個人生轉折令他無比煎熬。

關於唐娜的預知天賦，還有兩則小故事，而且與我個人有關。在一開始撰寫本書時，我經歷了一段撞牆期。這種情況很常見，因為創作是充滿神祕色彩的活動，有時會令人非常沮喪，但除了硬著頭皮解決困難、繼續醞釀，也沒有別條路可走。我先集中心力寫第一章，並與唐娜進行訪談，以此做為精神支柱，並實驗不同的寫法。

唐娜與我分享的第一件事就是和我有關的預知夢。她在夢裡看到我在練拳，準備要進行一場戰鬥。這正好就是我在跟本書搏鬥的時期。另外在幾年前，唐娜也做過一個預知夢，看見我要結婚了。雖然目前我還在尋找那位有緣人，期待他在不遠的未來與我相遇。不過我很有信心，因為他已出現在唐娜的預知夢場景中了。

案例分享——克莉絲蒂的母親

接下來要舉的例子非常適合擺在這一章來做結尾，不過它原本是我要用來當共享夢的案例，也就是兩個人在同一時間經歷了非常相似的夢境。

四十五歲的克莉絲蒂跟我談到她的家庭故事：她自己和每位手足都做了母親即將去世的預知夢，並試著度過喪親之痛的艱難時刻。

那一年，她的母親被診斷出罹患末期癌症。她還有一個哥哥、一個弟弟，三人的年紀相差不多。三人所做的夢都發生在母親去世前的一週，而克莉絲蒂的夢境在時間上最接近母親靈魂升天的時刻。

克莉絲蒂的父親早在十七年前便已仙逝，所以在他的伴侶將告別人間之際，他早已存在於另一個世界。此外，多虧了《綠野仙蹤》的故事，克莉絲蒂這一輩子都很害怕龍捲風。

是這樣的，我爸——他去世十七年多了——來到夢裡找我，他說我必須要做好準備，「要刮旋風了」。這個字讓我想到《綠野仙蹤》。好笑的是，不管我在何時夢到我爸，他都是穿一樣的衣服。所以在那個夢裡，他的穿著打扮也一樣。我哥也有出現在那個夢裡，不過心情看來很不好，像是在講電話，卻又一副心不在焉的樣子。他好像知道媽媽過世了。然後，我爸跟我說她確切會離開的時間。

克莉絲蒂記得，她父親在夢中提到許多細節，包括母親的死亡時間是早晨四點十四分。他的神情很嚴肅、憂鬱。此外，哥哥出現在夢裡，這似乎也隱含著重要的訊息。隔天早上，克莉絲蒂告訴哥哥：「昨天晚上夢到爸了，你也有出現在夢裡，而且你跟爸好像都知道發生了什麼事。」他聽完之後，停頓了一下才回答說：「對啊，他上個禮拜有來夢裡找我。他說媽會在十二月五號過世。」

弟弟的角色加入後，故事又更加精采了。克莉絲蒂察覺到，哥哥會出現在夢中應該有某種意義，因為她認為他有很強的直覺力，天生就能與生命中的神祕層面產生連結。不過他是工程師，思考時以邏輯為導向，重視理性勝過靈性，雖然他也承認生命充滿了難以理解的事物。另一方面，她弟弟沒那麼聰明，對人生的看法也比較受限，但與神祕世界的連結卻很強。那天早上克莉絲蒂來到安寧病房時，便見證了發生在弟弟身上的神奇時刻。

克莉絲蒂的弟弟不需要太多的協助，也能照顧好自己，但他們的母親總還是放心不下，擔心在她走了以後，會沒有人去幫他。不過，弟弟在那個別具意義的早晨說了很神奇的事情：「我昨晚有夢到爸爸，他說媽媽今天早上會醒來。然後他要我告訴她，我會過得好好的，因為你們都會照顧我。」

弟弟遵照預知夢的指示採取了行動。他們的母親已多日遊走於意識清楚與半昏迷狀態間，但那天居然迴光返照，時間剛好足夠弟弟跟她說點話。他一見到她醒過來，便激動地對她說：「媽媽，我不會有事的。提米和克莉絲蒂都會照顧我。我愛妳，一切都會沒事的。」聽完這些話，母親闔上了雙眼，更加安心地躺了下來，當天晚上便安祥辭世。

第2章

清醒夢

每個人都有做過清醒夢：睡夢中的你意識到，其實自己正在做夢。這種經驗通常沒有壞處，就像是偷偷溜進了正在上演的舞台劇。夢境中，我們大都會覺得當下的情節瘋狂又混亂，忽然間，一個念頭闖了進來：「哇，我在做夢耶。這是一個夢！」這層意識不會改變你的夢境體驗，而是像旁白默默地加入了演出，這種難以解釋的體驗完全正常。夢境會一如往常地繼續鋪展、變化，只是多了那一點點的意識，使你明白當下所體驗的不是真實人生。

一般人有個常見的錯誤觀念：既然清醒的心智在我們進入夢境後便會消失，那在日常生活中我們所依賴的敘事者也會被噤聲。等到夢境結束，我們醒過來後，這股意識才會再度甦醒。但事情沒有這麼簡單。

意識的啟動與關閉沒有明確的分界線，它不是像電燈開關一樣，要嘛全開、要嘛全關。人在睡覺時缺乏防禦力，最容易遭受各種危險的侵襲，所以人體有種內建功能，可以在一瞬間喚醒意識。只要體內的化學物質濃度驟變，我們就能在呼吸吞吐間從深層的睡眠中徹底醒來。除了這種極端的狀況，熟睡和清醒的分野便較為模糊。

我們還沒完全了解，為何大腦在睡覺時會關閉清醒的意識。但因此，我們在夢境中才能突破意識在平時所劃定的範圍，進而延伸到無比廣闊的多重維度。在全然的夢境中意識甦醒，這種體驗非常迷人，而且每個人都有機會發生。做夢時，意識與潛意識的界線是流動、鬆散的，有時也會增進與強化，就如同所謂的「心理肌肉」一樣。

我花了大半輩子的時間在傾聽他人描述夢境。我認為清醒夢可以分為三種層次。第一種如上所述，就是在做夢時冒出微弱的意識，例如「我想我現在應該是在做夢」。這種念頭非常微小，是在夢境展開的過程中突然閃現；有時也會變得明顯，在夢境中越來越大聲。

然而，這些清晰的想法會慢慢地擴大，是因為做夢者正要醒過來。夢境的變化能反映出清醒的意識在萌生。正在做夢的你，會強烈地意識到自己當下有多清醒，也會好奇地想要知道，在夢裡能用這股意識來做什麼？但下一秒你就醒來了。這個過程就像是：「我發現我在做夢，很強烈地感覺到這一點。於是我以為可以用意識來控制接下來的夢境，結果我就醒了。」飛速擴張的意識潛入夢境，一到清醒狀態，夢境就終結了。

夢中的敘事者

我在二〇一一年認識莉莉，就在我開辦洛杉磯的夢境分享活動前。當時我跟一名人生教練合開了YouTube頻道，頻道的觀看人次成長得很快。我們會邀請線上嘉賓來分享夢境；我負責解夢，夥伴再根據後續的對話提供訓練方法和指導。有一次，我們的來賓臨時缺席，便找莉莉來代班；她家就住在附近，那天剛好也有空。幸虧有她的及時救援，節目才能圓滿結束。

我那時剛要舉辦第一次的夢境分享會，正打算找個固定的聚會地點。莉莉熱情地提議，每個月在她家舉辦聚會就可以了。不到兩年，聚會的規模便已超出她家客廳所能容納的人數，我們只好搬到更大的空間。由於這每月一次的接觸，莉莉便有機會改變人生、深入探索夢中世界。

回溯一下莉莉在跟我接觸前的生活。「我老是在做清醒夢。」自我們從二〇一〇年初開始共事前，這樣的經驗在她的生活中早已層出不窮。但與我共事後，她才懂得用言語來形容出現在她夢中的自然體驗，並藉由自我探索來深入了解夢中世界。我為她提供了分析夢境的方法，幫助她解讀夢的訊息，好讓她明白，那些畫面的涵義。令人意想不到的是，這些在白天與清醒狀態下所學到的知識，竟然開始出現在她的清醒夢中。

在夢境解析的範疇裡，有幾項普遍原則和基本觀念。舉例來說，在夢裡看見水，就是情感有所糾結和波動；夢見任何一種家的樣子，就是代表你對自我的感覺；所有出現在夢裡的人物，都是不同層面的自己。不過，若你夢到知名人物，那便代表了較高、具有抱負的能量與人性元素。莉莉很快就能了解這些概念與解釋方式，並納入她進行許久、頗有成效的自我探索練習。當這些概念開始清晰地出現在她的夢中時，我馬上就知道，這個情況很不尋常。以下是莉莉的描述：

在你教我分析夢境後，我有注意到，我在清醒的時候獲得的知識越多，它們就越容易出現在夢裡。我在夢裡開始跟自己對話，討論哪些東西代表哪些涵義。我有一次夢到當時的總統柯林頓，然後我在夢裡想著：「噢，我夢到柯林頓總統耶，所以他代表的是我的高我和陽性能量。」接著我一邊觀察夢境的發展，一邊去分析它。譬如說，「我要走下樓梯了，應該是要去探訪深層的潛意識。」或者是，「水看起來好渾濁——天啊，這是我現在所處的沉悶心情。」

並不是所有的清醒夢都如此直接又明顯。但很多人表示，在夢境上演的同時，當中的人事物也會表達意見、提出解釋。比方出現解說員，向做夢者說明背景以及涵義。四十三歲的蘿莉正在接受相關的訓練，準備成為榮格派的人生教練。她向我描述了這麼一個夢境：

在夢裡我懷孕了，肚子快速地鼓了起來，而且它形狀尖尖的，懷的應該是男孩。在這個夢裡有一個敘事者，那不是我，但我也不知道他是誰。他有點像是夢境的實況解說員。我在夢裡感到很害怕，畢竟我四十三歲了，生小孩會很危險。然而，在我擔心的同時，肚子忽然膨脹起來，然後寶寶——確實是男嬰——輕輕鬆鬆地就滑出我的身體了，整個過程既優雅又不費力。

就在這個時候，那位敘事者對我說：「妳看，就是這麼簡單。」我在夢裡知道，他指的是我的教練事業。我不太確定自己是否在做夢，但是我非常清楚地知道，有人在教導我如何去面對恐懼。

蘿莉在經歷這個夢境時，已相信夢境的訊息有多真實，也理解夢的重要性。這個特殊又明晰的夢境令蘿莉更願意投注心力在這個領域，也對於她的職涯發展極其重要。

並不是所有的清醒夢都這麼強而有力、有顛覆性。有一種迷人的清醒夢，我做過好幾次，也聽許多人分享過。以下是一位做夢者的分享：

我人在某個地方，又不停地一直在移動。我還有所感知，不過與身體無關，主要是跟看到的東西有關。那些事物都是動態的，我就像是坐在只會往前進的遊樂設施，沿途經過各種場景，看見各式各樣的東西。但我在移動，所以它不是要我停下來探索這些事物，而是要我跟隨這股前進的力量流動。

一切都在往前移動——然後我就從夢中清醒過來了。當我發現自己在做夢時，那種感受非常強烈。我猜想自己能改變夢境，於是我運用意念來改變移動的方向，往哪邊看就會朝哪個方向前進。我完全可以控制它，這讓人很興奮。但頂多只有這樣，之後我就醒了。

我經歷過多次類似這樣的夢境。在當中，我保持清晰的意識，也確實能掌控、改變夢中所發生的事，但談不上有創造性或能精密操控。從不少人口中聽見這樣的故事，我便能將這類夢境當成普遍現象。這種特殊版的清醒夢無法複製，也無法透過刺激而產生；你的夢中世界會不斷展開，並滲透至意識層面。這會讓人更充分地感受到身而為人的強大能量。

清醒夢可以藉由訓練而來

近年來，各類書籍、課程與工作坊不斷湧出，許多專家都在努力幫助大家產出精彩的清醒夢，坊間相傳的技巧也非常多。十多年來，我探究與夢境有關的萬事萬物，而有項技巧總會被拿出來討論。為了誘發清醒夢，在白天清醒時，我們應該時常注視自己的雙手。方法很簡單：

兩隻手舉到面前，仔細看著手掌。一天重複這個動作好幾次。

在清醒時多花一些心力去形成這幅影像，順利的話，它就會在你夢裡顯現。當你在夢中看見自己的雙手，就會蹦出一個念頭，立刻了解到你正在做夢。你在腦中植入這幅影像，就是為了誘發這種清醒狀態。

採取這項技巧，就能誘發精彩的清醒夢。為了理解這整個過程，我們先要說明，人腦的運作方式跟電腦很像，也是靠電力來供給能源。每個腦細胞發出的脈衝，是由一系列的腦神經接連發出的微弱電波所形成。當你準備享用馬芬蛋糕時，眼睛會看著它，並辨別它是什麼。當你把這個美味的小點心送到嘴邊時，嗅覺會被啟動，這個味道會迸發出美妙的體驗，關於馬芬蛋糕的回憶也會在腦海中湧現。

這個過程只需花兩秒鐘就能完成，短得令人難以置信，與此同時，數百萬個神經細胞在向鄰近的細胞發送微弱的電波。建立幾百萬次這樣的連結後，大腦便會意識到：馬芬蛋糕要被送進嘴裡了。

想想看，你在一天中要意識到多少事情，而這整套過程會呈指數成長、翻倍增加。大腦整天都很忙，要填補資訊的缺口、又要調整感知能力，好讓你能清楚察覺到周遭的世界，以發揮正常的功能（包括別踢到家具）。到了一天的尾聲，等你準備上床睡覺時，大腦已經滿載，它所能轉換出的感知已達運轉的極限。要是你不把腦袋裡的快取記憶體清除乾淨，就無法正常、有效率地生活。正如電腦處理太多應用程式時速度會變慢、甚至當機；唯有重新開機，作業系統才能順利運轉。所以我們才需要睡眠。

進入REM睡眠後，大腦會檢視白天所經歷的一切，以釋放腦內資源、恢復正常運作；而這整個過程是發生在量子層面上。大腦所記得的馬芬蛋糕不是由麵粉、雞蛋和白糖所製成的，而是由電子訊號所刻劃出的一系列路徑。無數個神經細胞在大腦裡製造出一連串的反應（即「神經傳導路徑」），那個馬芬蛋糕才會存在於你的意識中。在REM睡眠期間，大腦忙著整理路徑，包括再次觸發「馬芬蛋糕」的印象，然後決定要予以保留或捨棄。所有重要的資訊都會成為短期記憶，其餘的一切則將落入潛意識的深淵之中。因此我們隔天醒來，只會記得昨天吃過馬芬蛋糕。

現在，把這個過程依指數成長、翻倍計算，就稍微知道大腦在REM睡眠期間有多瘋狂、多忙碌。它忙著檢視白天所收集到的資訊，因此白天發生過的事情會顯現於夢境中。基本上，記憶和夢境中的怪誕影像是大腦不同功能的產物。這兩種經驗會合而為一，變成難以理解的情節。

所以，假如你每天時不時注視自己的雙手，便有可能在做夢狀態下看到它們。這時，負責製造夢中畫面以及檢視日間經歷的大腦部位產生交集。

只要刻意製造機會，讓清醒的意識滲進夢中景象，就可以突破夢境與現實間的分隔，從而獲得更多的清醒夢。要培養出這樣的能力，需要時間和經驗的累積，再加上反覆的練習。世上很多人天生就常做清醒夢，背後的原因很難從科學的角度去理解。如果你不曾有過在夢中覺醒的體驗，這項技巧便能提升清醒夢出現的機率。

有種方法可以用來培養清醒夢，這是某位個案告訴我的，他自己也親身體會到其強大的效果。要搭建起意識與潛意識間的橋樑，最重要的工具就是冥想。大部分的人心裡都太混亂，沒有辦法靜下來，唯有練習冥想，才能產生微弱的能量。想探索較高層次的意識，就要保持自律、每日冥想。

從醫學的角度來看，準備睡覺時，心智能保持警醒，腦波的狀態與清醒時相同：瘋狂且混亂。在睡眠的前兩個階段，雜亂無章又隨機的腦波活動會漸漸趨同，進入第三階段時，腦波活動不再隨機而沒有條理，而是具有明顯的流動模式；這正是冥想高手的腦波狀態。因此，若想要感受能量的流動，並經常體驗到清醒夢，就必須調整大腦的開放性，每天練習冥想。

意念的強大力量

第二項練習是以意念為主軸，因為它是人類身上最強大的工具。我們可以渴望擁有不存在的東西，並集中心思顯現它的雛型。這是由意識所創造出來的奇蹟，其範圍超乎我們的想像。為了產生清醒夢，就得在清醒狀態下多多設想你希望獲得的夢境。因此，偶爾放下手邊的事務，花點時間對內心許願，反覆地重述你想要獲得的清醒夢，就有機會實現。

重點是，欲望必須夠強烈，意念才有辦法穩定扎根。顯化（manifestation）都是從一個想法、一個念頭開始的。意念就像是種子，含有渴望實現的潛能。而負責提供養分來幫助種子破殼發芽的則是情緒體（emotional body）。

意念是獲得這項體驗的出發點，但是要讓它化為有形，關鍵在於要有期待與興奮感。強烈的渴望還不夠，因為它太過於籠統，內心難以掌握方向。然而，要喚起情感有個具體的步驟。請挑選某位名人，邀請他進入你的夢中接受訪問。這個渴望會激起旺盛的熱情，畢竟要訪談的是名流，你也會希望與對方建立連結感。

請名人進入你的夢中接受採訪，以實現清醒夢，這對於渴求靈性體驗的人來說很有效。若能選擇自己深感熱情的對象，便能從潛意識引發更深層的欲望，以帶來更多的創意與好運。

有位學員選擇了他的夢中情人——瑪麗蓮夢露，來做為訪談對象。在這六星期的課程期間，他勤奮地練習，包括把這個念頭寫下來，或加進冥想體驗中。他會在白天定時靜心、沉澱思緒，專心想著他的渴求：「瑪麗蓮夢露，請到我的夢中來，接受我的訪問吧。」他對這件事充滿熱情、持續不懈、堅持到底，最終確實奏效了。

有天晚上入睡後，他做了一個夢，他身在空蕩蕩的房間，人坐在一張椅子上，面前擺著另一把空的椅子。過了一會兒，瑪麗蓮夢露便現身了，她坐好後便說：「我準備好要接受採訪了。」接下來發生的事情彷彿他在清醒狀態下的體驗。這場夢帶給他的回憶非常真實，就好像他真的見到了偶像本尊。

我做過兩個清醒夢，可算是我人生中數一數二的神祕超自然體驗。我在夢中浮現淡淡的念頭，察覺到自己正在做夢。

第一個夢的場景是在我當時住的公寓客廳。夢中時間是中午，我坐在沙發上休息，突然發現到自己正在做夢，但又感覺到自己完全醒著，就跟白天坐在辦公室寫書一樣有精神。我確實是在睡覺，還知道自己睡在隔壁房間。那是一次非常怪異的經驗，很難透過言語來形容。

想像一下，你現在正坐著在看這本書，精神完全寄居於你的肉體。接著，你突然發現到自己正在做夢——這樣你就能稍微體會我在那個夢裡的感覺了。

好幾年後，我又做了一個清醒夢，場景是戶外公園裡的野餐桌。我清醒到不能再清醒了，但是周圍看不見清晰的午時陽光，反而瀰漫著一片紅棕色的霧氣。我的身體感覺很敏銳，四周散發的光線馬上讓我意識到，這裡不是三維世界。那張野餐桌一共坐了五個人，全是男性。

我環顧四周，確認好自己所在的方位後，便朝野餐桌走去。我站在野餐桌旁邊，對著全部的人說：「你們知道我們在做同樣的夢吧？」所有人熱烈應和，而我在醒來之後十分篤定，剛才有六個人藉由夢境建立了連結；一起在某個美好的晴天、優美的公園裡，做了一場清醒夢。

作為一解夢專家，我跟數以千計的人討論過他們所做的夢，其中有少數人是與生俱來的清醒夢高手。這些人不需要投注心力，便能經歷各種層次的清醒夢。我終其一生都在嘗試、探究這項生而為人的能力，但我不是玩夢高手，所以有點忌妒他們。我從來不曾千方百計要增加做清醒夢的頻率。話雖如此，那兩次神奇的清醒夢卻讓我十分確信，意識確實有機會滲入潛意識所掌管的領域。這種經驗不僅自然、真實，也可以被培養、訓練與拓展。

在半夢半醒間找到啟發

清醒夢這個主題有許多相關的書籍，坊間也有流傳多年的技巧。有種技巧很複雜，即著重於半夢半醒間的狀態，因為意識正要逐漸醒來時，最容易得到夢境素材。先決條件是，你必須故意在夜裡喚醒自己，在半夢半醒的狀態中進入那神祕的交界。早上睡飽時，大腦知道不需要再進入下一段REM睡眠，所以我們就不太會再沉睡下去。晚上睡覺期間，大腦至少會完成四次REM循環，有時會達到五次。隨著睡眠階段的進展，每次完成循環所需要的時間也會延長。

把鬧鐘設定在入睡後四小時響起，便會在完成第二次REM循環後醒來。當時你應該是剛做完夢，所以在半夢半醒間記錄夢境時，連接潛意識和意識的橋樑便會被啟動。接著，下一次鬧鐘響起的時間為九十分鐘後，也就是完成下次REM循環所要的時間。每隔九十分鐘便重複同樣的過程，直到你平常起床的時間。

這項技巧所依循的原理很簡單：在模糊中進入意識與清醒狀態的界線，不斷叫醒自己去寫下夢境內容，但又不讓意識完全清醒。這樣便足以鍛鍊出強大的感受力。久而久之，心智會習慣停留在夢醒交界，並攜帶些許的意識再回到睡眠中，而那些念頭便會有可能在夢中浮現。

以下要介紹的方法類似「注視雙手」，也就是清醒狀態下專注某種行為，以繫上意識的細絲，再將它帶進睡眠狀態來誘發清醒夢。做夢者裘妮在讀了魏格納（Robert Waggoner）所寫《清醒夢》之後，不斷練習書中的技巧。對裘妮最有幫助的一種技巧，是在白天時偶爾捏住鼻子、同時閉口憋氣，以確認自己處於清醒狀態。這個方法會有效，是因為阻斷呼吸會觸發大腦活化，且隨之而來的恐慌會激發出強烈的本能，去應變當下緊急的情況。夢中世界不會隨著物理學定律運作，所以這項介入手段很管用。裘妮運用這項技巧幾週後，便很興奮地發現它的效果。她說：

我跟五、六個熟識的朋友坐在幾張沙發上，中間擺著一張咖啡桌。我相信自己是在做夢，於是我捏住鼻子、閉住嘴巴，繼續「呼吸」。我覺得非常興奮，便對著所有人說：「嘿，我們現在都在同一個夢裡耶！」我叫他們也試著捏住鼻子來看看自己是不是在做夢。有幾個人能繼續呼吸，所以跟我一樣很興奮。而其他做不到的人，則是把我當成瘋子。

為這本書做調查時，我挖掘了各種不同的清醒夢體驗。我發現當中有個常見的主題，也就是與能力強大的導師互動；某些振動頻率較高的人，能為身邊的人製造能量。我們會用古魯（guru）這個詞來形容精神層次極高的人，不過除了大師外，有很多老師也能掌握這樣的能力。

吉姆年約五十歲，他成年後花了很多時間在進行靈性探索。體驗清醒夢是他想要達成的目標。然而他鑽研書本、影片多年，甚至也試過聽雙耳節拍（binaural beats，譯註：讓兩隻耳朵聆聽不同頻率的音樂，來促使大腦將其同步，以產生不同的腦波頻率），還是一樣苦無成果。

吉姆聽說過佛教有一種入學管道，學生在讀完三年課程後，就能接受入教儀式的洗禮，並接觸到更高層次的意識，經歷清醒夢的機率也會提高。生命自有安排，吉姆在他家附近發現了一處授課中心，而導師是畢業於美國知名大學的喇嘛。憑藉著機緣與巧合，吉姆就這樣加入了這個由三十名學生所組成的社群，而每位學生都很希望有清醒夢的體驗。

有天，授業的喇嘛突然向全班同學宣告，若願意進入佛門、接受入教儀式，他可為其剃度。在場沒有人表態，但吉姆邁開腳步、走向前去。他剃了頭髮，正式成為佛教徒。

接下來發生的事情非常有趣。學生們每天晚上都有特定的祈禱詞要唸，也必須配合經文專心想像特定的畫面，吉姆總是會全神貫注地完成這些功課。在剃度後，他做了一個栩栩如生的夢：喇嘛在為他進行能量訓練。隔天一早，吉姆去上課，老師在走進教室後便開口說道：「昨天晚上的訓練有幾位同學到場。請你們放開心胸，順其自然發生就好。」這些話證實了吉姆昨晚的體驗是真實的。他繼續進行晚禱儀式，也多次窺探了現實與夢境的神祕交界。這項體驗在課程結束後也消失了，但吉姆繼續心無旁騖地追尋靈性道路，而夢中世界成為他日後靈性體驗的一大重點。

重返夢境

有種層次的清醒夢，是從夢境中脫離、進入清醒狀態，然後再運用意念重新回到相同夢境。

想要啟動清醒夢，就得懂得利用睡睡醒醒的間隔，而白天所進行的冥想練習便能派上用場。你在清醒狀態下透過冥想訓練而成的技巧，可以拿來運用在這種半夢半醒的時刻，以提高做清醒夢的可能性。有強大的能量控制力，就能在清醒時進入「出神狀態」(trance states)，隨心所欲地再次回到夢境中。

受訪者愛麗絲便能進入深沉的出神狀態。她利用呼吸與協調的技巧，在想像世界中打開她的身體，並接收流動於所有人之間的能量。冥想可以統整混亂、失序的腦波，因此只要長期地辛勤練習，大腦就會產生內在紀律，而腦波模式就會類似於睡眠時前幾個階段的波形。

愛麗絲會在半夜三更時醒來，就跟許多人一樣，但她沒有設定鬧鐘。她善用了醒轉時刻，並做了很多清醒夢，包括重複進入相同的夢境。有時她在夢中意識太清楚，還以為自己已經醒了。她有很多本日記簿，裡頭詳細記錄了這些半意識、半清醒的體驗，甚至還有來源很神祕的訊息。這些體驗帶給她的感覺太真實，所以她常常在半夢半醒間去摸睡在她身旁的愛犬，以確定自己身處在哪種狀態。

愛麗絲說，她從五歲時就經常做惡夢，而她母親會陪她討論夢的內容。絕大多數家長都會趕緊安撫受到驚嚇的孩子，以淡化做惡夢的經驗，但是這麼做等於否定了小孩的強烈感受與逼真體驗。父母親這種敷衍了事的態度，會令孩子充滿困惑，並與其內心世界產生隔閡。但愛麗絲的媽媽會溫柔地說，請她在夢裡勇敢轉身，看清楚那個在追她的怪人或怪物；只要這麼做，它們就會消失不見。愛麗絲聽從了母親的建議，從此便與夢境結下了不解之緣，而這些體驗在日後也成為她靈性覺醒的助力。

案例分享——伊萊與納粹士兵

最後一個要介紹的案例，囊括了非常多種類型的神祕體驗，放入本書其他章節也無違和，當中的道理也類似於愛麗絲的母親所提出的好建議。

訪問伊萊時，我想記錄他在超自然夢境方面的豐富經驗，並與讀者分享。伊萊已年過七旬，從三歲開始就會做一些神祕又生動的夢。長大成人後，他便開始全方位地潛心鑽研靈性領域。以下的故事不僅牽涉到清醒夢，還跟前世今生有關，好讓我們深刻地了解到萬事萬物間的密切聯繫。

邁入成年之初，伊萊加入了一個靈性社團，其課程包括透過冥想來獲得清醒夢。方法之一：入睡靜靜地仰躺，雙手輕輕放在大腿上，集中心思去覺察感受。依照老師的指示，身心的連結應該就會增強。此外，躺平時腳朝向的方位不同，效果也有差。他們還必須在睡意來襲之前，反覆不停地唸一段咒語：「今晚我將於夢中清醒，在夢裡擁有意識與感知。」這項練習如此簡單，但是就跟大多數的修行一樣，若想達成目標，關鍵在於嚴守紀律與持續練習。

伊萊進行這項練習的時間是在他年滿二十歲後不久，但是他所經歷到的神奇清醒夢從他三歲開始便不斷反覆出現。每隔幾個月，伊萊就會夢見同樣的恐怖場景：在家裡被身穿納粹制服的男人手持刀子追著跑。三歲的伊萊當然不知道那是納粹的制服，等他長大、對這世界越來越了解後，才曉得那個夢中人物是德國士兵。

伊萊在二十歲出頭加入靈性社團後，已做過這個特別的夢數十次了。夢的情節基本上都一樣，不過屋內概況會有些差異，就看他與家人搬到哪裡。在他加入靈性社團、開始練習冥想後，這個夢境也再次出現。

夢境一如既往地展開，身穿制服的男人繼續追趕伊萊，但場景是伊萊小時候住過九年的房子。劇情展開沒多久，伊萊就在夢裡產生了清晰的意識，他深吸了一口氣後，便轉身去面對那個要攻擊他的人，問道：「為什麼要追我？」

納粹士兵回答道：「這裡有個門口被封死了，我要想辦法進去。你可以幫我嗎？」在伊萊的眼前，確實有個門框，但是好像沒有門。靠近一點查看，可以看得見門板的邊緣，不過上頭塗了一層厚厚的灰泥。士兵很努力地想把灰泥刮掉，卻終究無法把門打開。

納粹士兵交出刀子，伊萊接手後便把灰泥刮得一乾二淨。門總算開了，門後是一個正方形的小房間，面積不到兩坪。房間內漆上了深綠色的油漆。在最右邊的角落，有一小塊凸起、高於地面的水泥地；在這塊平台上，有個小水池正在冒著水波，就像小噴泉一樣，不過它的構造看起來很自然。房間左側的牆壁上有個架子，上面擺著一顆頭骨。伊萊快速打量了屋內的陳設之後，便回過頭去對那名士兵說：「你看這裡！」但是，男人已消失無蹤，夢境也就到此結束。

伊萊在突破了清醒夢的疆界後，便不曾再做到這個夢。過去二十年來，這個夢境會反覆出現，彷彿是在暗示伊萊，他的靈魂得去面對這個衝突。人與人之間總有矛盾，但只要某一方的需求獲得了滿足，衝突就化解了。伊萊的靈魂渴望找出這段連結，而那重要的訊息一旦露出，這個需求就不復存在。

伊萊最後一次做這個夢時，裡面出現了幾個與他有關的元素。他小時候在紐約長島住的房子，地下室的顏色就跟夢中那小房間的深綠色一樣。

至於小房間架上的頭骨，跟他去以色列旅行有關。他那時參觀了西奈山上的古修道院，當中有個大房間，堆滿了以前修道士的遺骨。那些骨頭被分成了好幾堆，大的聚集成一堆、小的在另一區，還有一堆全都是骷髏頭。在生前享有崇高地位的修道士，頭骨就會被特別擺放在架子上。

第3章

共享夢

共享夢是兩人在同一時間經歷了相同的夢境，有如電影情節一般。然而，共享夢發生的次數比我們所想像的還要頻繁，只要多與親近的人討論自己所做的夢，就會發現自己曾與其他人共處在同一個夢境空間裡。我訪問過數千名經歷過共享夢的組合，發現他們在現實生活中的關係也很緊密。

兩人的關係越密切，共享夢發生的可能性就會越高，因為他們共同經歷了人生的重要大事。舉例來說，即將迎接新生兒的夫妻就很容易有相同夢境；也許這是由於懷孕造成的內分泌變化，再加上夫妻在這段日子的凝聚力，才能產生這神祕未解的現象。而且夫妻總是很容易跟對方聊起自己私密的夢境。另外，有人即將告別人世之際，家人也會互相談論夢境、證實彼此做了共享夢。

有些人生來直覺力就很強，所以更有可能與人做了共享夢。我們在上一章談到的伊萊，他在幾十年前剛踏上探尋靈性的道路時，有過一些很有趣的經驗。那時是八〇年代，伊萊還在摸索如何當個好老師，課後也將生活重心放在探索夢境，因為他從小就很常體驗到鮮明、活躍的夢境。

伊萊與一位同事決定展開一項為期一年的實驗。他們找來了數位做夢者，並分成兩組，前者是經驗老道的做夢者，隸屬於某個靈性社團；另一組成員互不相識，在探索夢境體驗方面是初學者。

新手組要完成的任務是：在夢裡前往自由女神像的頭頂會合。這個地標簡潔又清楚，對於住在紐約市的菜鳥組來說，很容易就知道自己是否有成功進入共享夢的狀態。老鳥組的任務有點複雜，因為他們在夢中的集合地點每個月都會更動。兩個組別每個月的實驗起算日都是新月來臨的那一天。伊萊告訴我：「令人意外的是，這兩組人員在夢裡會合的頻率很高，雖然不見得是在指定的地點。在某個月，有很多新手一致去到了一個馬場，那是我們從來沒有討論過的地點。但大多數時候，他們確實都會在自由女神像的頭頂會合。」

令我感到有趣的是，在這一年當中，成功次數較多的是那一群互不相識的初學者。他們在夢中見到彼此後，還能精確地形容對方的體態和樣貌，即使他們在現實生活中從來沒有見過面。透過伊萊的實驗我們了解到，清醒時所潛藏的直覺力是可以在夢中培養與拓展的，而且每個人都能藉由做夢建立連結。此外他也證實，即使當事人沒有特意去尋求，共享夢也可能發生。

家人間的共享夢

親近的家人容易察覺彼此經歷過相同的夢境，也會一起度過有重大意義的時刻，例如經歷親人離世。這些條件都有可能構成不尋常的能量狀態，並激發出神祕的現象。受訪者凱特說：

我十四歲那年，我妹十三歲，我們在媽媽過世的當晚做了一模一樣的夢。我看見媽媽躲在房間的門後面。我一直叫她站出來，這樣我才能看清楚她的樣子，但她就是不願意。我苦苦哀求，可是她只肯露出半邊的臉和一半的身體。她的神情非常嚴肅、哀傷，還蒙上了一層陰影，因此我心情有點激動。接下來我就醒了。吃早餐的時候，我沒提起這件事，但妹妹卻先說她夢到媽媽了，我才跟她說：「我也是！」

在我說完之後，她先是安靜了一會兒，然後才吐露出：「那跟我做的夢一模一樣。」

我聽過很多類似的例子。在現實中關係密切的人最容易出現共享夢。許多人都希望能與剛過世的親人在夢中相遇；而這種超自然、超感官的體驗，是潛藏在夢境中的奧祕。親人死亡是多維度的體驗，做夢也是。因此，不久前告別人世的長輩與其家人的連結，會出現在同一個夢境中。

四十歲的蘿莉夢到母親去世的場景如下：

夢裡，我跟媽媽決定進去某個很像大飯店或購物商場的空間，反正就是很像大家會坐著休息或逛街的場所。走進去後，媽媽以為她看到樓梯了，但那裡是個大洞，於是她就摔了下去。她掉到地上的時候，脖子折斷的聲音也很清楚。我的對面站著一些人，他們全都嚇壞了。過了一陣子後，我才敢往前走近，結果卻沒有看見她。在那一瞬間，我感到害怕又疑惑。她真的死掉了嗎？還是沒事呢？

蘿莉就在這個時候醒來了，並感到震驚和害怕。她躺在床上反覆思考這個夢的涵義時，她十一歲的女兒也醒了，開口就說：「媽，我剛才夢到妳死掉了。」蘿莉感到很好奇，於是請女兒分享更多細節。以下便是她女兒的描述：

夢裡，我從好朋友家離開後，就回家去了。我打開房門時，看見有某個長得像媽媽的東西坐書桌前，但那不是真人，而是類似某種虛擬影像。它說：「妳媽媽被貓咪殺死了。」於是我環顧四周，發現地板上有一灘血跡，雖然沒有看見媽媽的屍體，但我知道她遇害了。

蘿莉常常進入神祕的夢境，所以很願意與女兒一一討論，不會輕蔑地認為「那只是個夢而已」。蘿莉做了筆記，並請女兒談談心裡的感受。這樣的互動對母女雙方都有益，而蘿莉心裡也很清楚，要好好觀察女兒長後會如何理解及領會這個肉眼所不可見的國度。

接下來我要介紹的範例，不僅與共享夢有關，同時也觸及了探訪夢（visitation

dream）的範疇。

瑪莉蓮來自一個天主教家庭，家族規模龐大、關係十分緊密，而且偏重母系；母親是這個大家族的權威和中心。瑪莉蓮的母親因為心臟病發作驟然去世，令整個家族深陷在突如其來的悲痛中。當晚，瑪莉蓮在睡前不停地琢磨：「沒有了媽媽，這個家要怎麼辦？」結果在夢裡，瑪莉蓮便清楚聽見媽媽的回應：「不要擔心。一切都會沒事的。」

這種類型的探訪夢對瑪莉蓮來說並不陌生，以前也有過世的親人來到夢裡探望她，而且說話的聲音都很清楚。瑪莉蓮隔天一早醒來時，很篤定昨晚是母親來看她。在她進到廚房做早餐時，她那十三歲的兒子走進來便說：「媽，外婆昨天晚上有來找我，她說：『不要擔心。一切都會沒事的。』」一模一樣的句子，一字不差。

瑪莉蓮感到相當震撼：母親的靈魂確實出現在夢裡，並向家人傳達了訊息。我們所謂的現實其實並不牢靠，這則小故事完美闡述了真實人生與夢中世界的交疊。很多人以為只有三維世界才是真實的，夢中世界只是幻想而非現實。然而，藉由這則故事，我們便能體會到，夢中發生的事反而有助於我們認識自己的意識。

案例分享——艾莉的前世

共享夢也能接力呈現：母親做了前半段，女兒則在同一天晚上夢見了後半段。受訪者裘妮五十五歲，跟二十五歲的女兒同住。某天早上，裘妮突然有股衝動，想要告訴女兒自己昨晚所做的夢，這不是她們家常見的話題。

「我也不知道為何想跟她聊起來，」裘妮說：「這感覺起來很瑣碎，但我還是開口說了：『妳昨晚有出現在我的夢裡。我們一起在廚房準備要做鬆餅，打蛋、量麵粉和攪拌麵糊。』」裘妮的女兒很吃驚，她回應道：「我昨天晚上夢到廚房有一碗鬆餅麵糊。我們熱好鍋子、煎好鬆餅後，就一起坐下來享用。」這場共享夢有如前後集：媽媽進行前置作業，女兒則接手製作，再來兩人大快朵頤。

婚姻和家庭關係是經歷共享夢的明顯指標。五十多歲的艾莉多年來與我在工作上有廣泛的接觸，她的夢境體驗相當豐富。她的第一個共享夢發生在她三十歲初期，當時她剛結婚並搬到巴黎去住。那段時期她的靈性感受力特別旺盛，並感覺到自己和巴黎有很深的能量連結，彷彿有前世的淵源，她也因此踏上追求靈性的道路。她的丈夫從來不曾與她談論自己的夢境。不尋常的是，某天早上他醒來後仍深陷在夢境裡，並需要找她傾訴。

愛莉的丈夫心煩意亂，他躺在床上描述夢境，緊閉著雙眼、雙手捂著頭。「我夢到我是非洲來的奴隸，被關在地牢裡面，戴著腳鐐和手銬，真是太可怕了。」他的語氣透露出某種深沉的激動與不安。

這番傾吐不是她丈夫平常會做的事，還有更令她震驚的事，她說：「不敢相信！我做的夢跟你的一模一樣。我也被關在地牢裡，手腳都被銬上了鐵鍊。」

艾莉的夢境非常逼真。她是火辣又性感的奴隸，扮相有如影星凱薩琳·麗塔·瓊斯，而另一位非洲奴隸闖進了地牢來營救她，於是兩人亡命天涯。原來他們是因為私下談戀愛才遭到了懲罰。

那段時期，她的靈性感受力正逐漸開啟，她也鼓起勇氣告訴丈夫，那段夢境跟前世的經歷有關，而她的丈夫也參與其中。她的丈夫並不相信這套說法，認為那只不過是一場巧合。艾莉很清楚這是怎麼一回事，而她此後的人生也產生了更多類似的夢境。

艾莉的第二個共享夢發生在七年後。當時，艾莉與丈夫迎來了第一個孩子；這個女兒擁有很強的直覺力，也非常具有同理心。有天早上睡醒之後，她四歲大的女兒以可愛的口吻說：「媽媽，我做了一個好棒的夢。我夢到我們一起在草地上摘花。」乍聽之下，這只是個平凡的夢境，然而艾莉在同一天晚上也清楚地夢見她和女兒在美麗的原野上採花。

艾莉的第三次共享夢就沒有這麼愉快愜意了。二〇一六年，一名槍手在佛羅里達州奧蘭多市發動恐怖攻擊，造成同志夜店「脈動」（Pulse）裡的多名顧客中彈身亡。當時艾莉已充分開發她的能量與直覺力，並善用她靈性上的天賦。

這個共享夢也算是個預知夢，艾莉因此藉由夢境接觸到了全球性事件。在槍擊事件後，倖存者所描述的情況與艾莉的夢境非常相似。她看見有一名恐怖份子持槍亂竄，想要射殺艾莉及她的親友。彷彿電影情節般，她從夢中驚醒後，便立刻走進浴室拿冷水潑臉、讓自己冷靜下來。

過一會兒後，艾莉的丈夫也醒了，他再次以淡然、有限的角度來描述夢境：「我做了一個超恐怖的夢，夢裡好像有槍擊事件發生。」他沒有多說細節，但是兩人夢見的情節本質上是一樣的。艾莉做過預知夢好幾次了，內容都與她的近親有關。看到新聞後，她才恍然大悟，她與丈夫觸及的是真實事件，而且發生在美國國土的另一邊，距離他們有四千公里遠。

艾莉有一位靈性領域的工作夥伴也是男同志。毫不意外地，他昨晚也夢見自己身在人潮擁擠的地方，並且被關在籠子裡。他屢屢嘗試要從籠子裡掙脫，但是始終無法成功，不久後他便聽見槍聲大作，不絕於耳。

朋友間的共享夢

受訪者凱西跟我分享她的實驗：她成功地跟一位在靈性上有強烈連結的朋友經歷了相同的夢境。凱西的友人住在沿海的城鎮，而他的生活也充分享用了地利之便。凱西當時正在寫書，並以濱海地區來做為故事背景，因此他們便設定好，在夢裡要一起去海邊挖蛤蜊。

當天晚上，凱西和朋友確實在夢中相見了，只不過沒有一起去挖蛤蜊，而是一同坐在沙發上。凱西向我坦承，這個夢也許是基於兩人的聯想而來，而不是一同經歷了多維度的體驗。但她深深地感受到，兩人的靈魂在夢裡相遇了，而且這可以經由培養與訓練得來。

五十多歲的蘿蘋與一位交情很好的朋友做過共享夢。蘿莉是專業的靈媒，對於各種能量現象很熟悉，但是她從來沒有做過共享夢。她所做的夢大部分都有種漂浮般的感受，夢境的鋪陳也雜亂無章。她只有做過幾次清醒夢，夢中景象與風格也都大同小異。

不過，某天晚上，蘿蘋做了以下特別的夢：

我走進一家以前去過的二手商店，有賣傢俱、服飾等物品。我往結帳的地方走去，並朝傢俱區的方向看，那裡站著一個女人，她留著一頭深色的長髮，臉蛋很漂亮、很有氣質。那個人轉過頭來跟我四目相接時，我的心簡直快要跳出來了，我心想：「天啊，她就是我要找的人！現在是什麼情況？」

但我還是得把正事辦完。我走到櫃檯要結帳款，但依舊左顧右盼，心想那個人跟我就是……

「我等了這麼久，原來妳在這裡啊。我等不及想知道這是怎麼一回事，可是我得先處理完這一大堆的白癡手續。」於是我開始填寫文件，弄到一半，店家還要我去另一個房間，可是我心想：「我要待在這裡，我想要離她近一點。」這時，有另一個女人走到她身邊，我馬上冒出一個念頭：「噢，想也知道她怎麼可能單身。」但是，我又非常肯定地意識到：她的另一半是我，我是她的，她是我的。她與我擦身而過的時候在看我，我拚命在想要怎麼留住她，然後我就醒了。

隔天，蘿蘋接到前女友的來電，她們兩人在分手後仍是好友。前女友那天分享的夢境相當平淡無奇，跟神祕體驗完全扯不上關係。其實她平常所做的夢都跟真實事件有關。不過那個平凡的夢卻有更深的含意：

我做了一個超級詭異的夢，我找到妳的真命天女了。我在夢裡看到她了，但是情況很混亂，我進入了一個派對會場，那裡有很多房間，到處都是人。我看到她坐在沙發上。有一頭深色的長髮，我在想：「就是她，那就是蘿蘋要找的人。但蘿蘋在哪裡？我得找到她才行。」我找遍了每個房間，就是沒有找到妳，接著我就醒來了。

接下來我要介紹的這則精彩故事，是受訪者喬伊在二十五歲時所經歷到的神祕體驗。雖然事隔多年，很多細節她已記得有點模糊，不過那份感受已深深烙印在她的心裡，而那天也成為她人生當中非常特別的日子。

在一個美好的春日早晨，喬伊在睡醒後心情輕鬆愉快，因為有充分的休息，還做了有趣的夢。她走進廚房要煮咖啡時，室友已經待在那裡，但看起來心情十分激動。室友說，自己做了一個栩栩如生、令人不安的惡夢，所以情緒糟糕到了極點。

室友說，她整個晚上都在逃亡，場景彷彿是在美國西南部的沙漠。夢境刻畫的彷彿是牛仔的年代，她必須找各種地洞來藏身。她感覺自己是在躲避一群男人，並察覺到自己衣冠不整、骯髒落魄。她也感覺到，自己在夢裡是另一個男性，但她仍保有自己的意識（一如夢境經常帶給人的感覺）。她感到孤立無援、孤單且備感威脅，那份恐懼感在她醒來後仍久久無法消散。

喬伊在聽完室友的敘述後，並沒有說出自己前天晚上的夢。她大概覺得自己無法、也不願意拿她昨晚的夢來攪擾友人難熬的早晨。畢竟她的夢給人暢快、自信的心情，而室友的夢卻令人恐懼。事實上，喬伊在夢中經歷的時空背景也是早期的西部荒野，劇情正是她率領一群男人在追蹤一名男性；在這場追緝行動中，她不但很有威嚴，而且是正義的化身。在我看來，兩人的夢應該是涉及到她們的前世：一個是獵人，一個是獵物。

靈魂伴侶與知己的共享夢

「靈魂伴侶」這個詞不限於戀愛關係，在不同的人際關係中都有一樣深刻的好夥伴。因此，我們可以擁有多位靈魂伴侶，建立超越實體層面的友誼。

卡翠娜與凱蒂在中學時的西班牙文課上認識，還做過許多共享夢。她們的友誼維持至今已有二十年。卡翠娜在接受本書採訪約莫六個月前，母親才剛因癌症辭世，就在此時，凱蒂的母親也被診斷出罹患了同一種癌症。這兩位好友的關係始於她們在中學時代的共享夢，而且內容與彼此的父親有關。

卡翠娜和凱蒂在中學時的西班牙文課堂上認識，當時她們的老師決定搬回厄瓜多，也歡迎學生們組團去找她玩。卡翠娜和凱蒂在學年結束時還不算太熟，但是她們在這趟遠足的過程中成為了朋友。有趣的是，在入境熱帶地區國家前，她們必須施打防瘧疾的藥物，其副作用是會增加夢境體驗的強度。兩人在厄瓜多睡醒的第一個早上向彼此述說夢境，其內容非常神奇。

這場共享夢的精髓在於，兩位在類似的情境下呈現了各自對於父親的了解，而且是以象徵性的角色出現。兩人的夢境有許多相似的畫面：廚房（或飯廳）的桌上有放著幾份文件，仔細一看是她們的出生證明，但父親的姓名欄位都是空白的。事實上，這兩場夢要闡述的重點就在此。

卡翠娜的父親膚色黝黑，擁有葡萄牙亞速爾群島人的五官及身材，但在她的夢裡卻變成白人，而且外貌神似凱蒂的爸爸。既然兩個人的夢境均著重於單一場景及故事內容，所以更有可能代表有某種神祕連結。兩位青少女被這場共享夢的體驗所震撼，從而鞏固了此生的關係。

在現實生活中，卡翠娜與凱蒂並不常見面，但多年來，她們總能在夢境中串聯彼此，並刻下友情的里程碑。除了夢見彼此的父母，卡翠娜也預見凱蒂在經歷令人悲痛欲絕的流產後將再度懷孕。在某個夢裡，卡翠娜感覺到自己與凱蒂先前流產的寶寶有所連結。過不了多久，凱蒂果真再次懷孕，並順利在足月後生下一個女兒。

受訪者瑪麗在二十年前做過一個共享夢。在與我聯絡前，她沒有特別思考過這個經驗對她人生中一段舉足輕重的關係來說有多重要。如今年過半百的瑪麗說，她在二十四歲時曾與一位名叫提姆的男人工作過。幾個月後，兩人的關係變得非常密切，但年紀較長的提姆已有家室，她也另有交往對象。儘管沒有發展為戀愛關係，但他們之間的羈絆卻很強烈。提姆偶爾會提及自己的婚姻問題，但這些細節並不是兩人發展深刻情誼的關鍵。

瑪麗說，她經常夢見自己認識的人，但當年卻從來沒有夢見過提姆。有一次，提姆請假去參加靈性朝聖之旅，而瑪麗做了一個非常鮮明的夢，彷彿自己也跟提姆去進行能量交流。她在夢裡來到了一個美麗動人、但難以名狀的空間，四周充滿了光，而她感覺自己漂浮在其中。

我在漂浮的時候見到了提姆。「沒想到會在這裡見到你。」我說。印象中我們聊了一會兒，但內容我不記得了。但我還很清楚地記得那種輕飄飄的感覺，以及一股好深、好深、好深、好深的牽絆。我還意外地發現：「哇，我愛這個人。我好像有感受到你的吸引力。但這樣有點危險喔！」這感覺非常美好。

提姆旅行回來後，瑪麗很興奮地向他訴說這個夢境，因為它似乎隱含了他們的關係有某種涵義。她說完後，提姆的反應令她始料未及：「噢，我也有夢到妳，」但他接著補了一句：「但我們應該謹慎一點。」兩人不久後便私下進行了更深入的討論。提姆表示，自己在外旅行期間也做了一模一樣的夢，他看見自己漂浮在一處明亮的空間，並與她產生深厚的連結，並對她萌生了一股叫人無法抗拒、也無可否認的愛意。

這段對話導致提姆離開妻子、而瑪麗與男友分手，兩人旋即投入熱戀中。這個巨大的轉變是可以預見的發展，因為他們共同經歷了這神奇的共享夢。但是到最後，提姆還是回到了妻子身邊，瑪麗也繼續過她的人生，也不曾回首這段感情。直到我為本書蒐羅資訊時，才主動與我分享她的故事。

戀愛關係會促使雙方產生直覺性的連結。現年五十多歲的露絲表示，自己年輕時經歷過一段別具意義的愛情，而且它是由夢境揭開了序幕。露絲當年與某任男友相遇前不久，便夢見過他，而他在夢裡直截了當地對她說，他們不會在一起。但是露絲不願意承認夢境預示的負面結局，還是決定要跟他交往，並由此展開了一段維持數年的關係。

交往期間，他們做過好幾次共享夢，尤其是在同床共枕的時候。最讓露絲感到記憶猶新的共享夢，是在他們剛開始交往時出現的。她夢見自己要去找一個朋友，走著走著，各種瘋狂的東西開始現形，包括怪獸以及其他恐怖的顯像。她大聲叫喊男友的名字，他便應聲前來拯救她。他們齊心合力地對抗光之怪物，在經歷一番可怕的搏鬥後擊退了它們，然後一起去找朋友。

隔天早上，露絲男友也描述了他昨晚所做的夢。他夢到露絲遇上了麻煩，並聽見她拚命呼喊、向他求助，他也前去搭救。他們之間的許多事情都是先顯現於夢中世界，而後才在現實生活中應驗，包括分手。

案例分享——布萊兒與阿曼達的森林小屋

最後我要談一對知己的故事，是他們讓我接觸到共享夢這個概念。探索夢境多年，我從來沒有做過共享夢，甚至不曾聽聞過這種現象，直到我遇見布萊兒才改觀。

布萊兒的靈性修為很高，我在撰寫第一本解夢書《夢境風光》（*Dream Sight*）時有幸與她相識。後來，她變得像是我的靈感泉源，在她的關愛與滋養下，我勇於面對那項令人怯步的差事，也就是完成了第一本書的原稿。我們的關係自此延續下去。

幾年前，布萊兒帶她最好的朋友阿曼達來找我解讀星盤。在那個宜人的午後，她們與我分享了兩人最近做的共享夢。我當時正在四處尋覓有趣的素材，所也把它們收錄到我所撰寫的第三本著作《解夢小書》(*Llewellyn's Little Book of Dreams*) 裡。

布萊兒的家庭背景導致她的人生變得扭曲又充滿對立。她從青少年時期就開始接觸靈性知識，並花了很多時間在研究祈禱與自我肯定的力量。她深信：「你如何看待自己所處的現實，就會創造出那樣的現實。」另一方面，她所受到的虐待與忽視也深深傷害了她。年過三十以後，她發現自己喪失了靈性感受力，也在經年累月的壓力下陷入了被害者心態。她對上帝不滿，對整個世界也忿忿不平。

有一次，布萊兒和阿曼達利用週末前去某座森林裡漂亮的小木屋度假。兩個人都需要放鬆一下，因為阿曼達的父親剛剛過世，布萊兒的父親則是重病在身。布萊兒說，她能感知到各種能量，而那棟小木屋雖然看起來舒適又可愛，卻好像潛藏著某種黑暗力量。儘管內心有這種感覺，布萊兒還是沒有對阿曼達說。

某天，兩人決定窩著一起睡個午覺。布萊兒暗自慶幸，因為那股揮之不去的不祥預感，讓她不敢自己一個人睡。結果，在睡了四十五分鐘後，她們雙雙驚叫著醒來，嚇得渾身發抖。

事實證明，她們做了幾乎一模一樣的夢。兩人都夢到有種恐怖、危險的東西要衝著她們來。阿曼達夢見了兩個男人；布萊兒則看到一股險惡而黑暗的能量。阿曼達在夢裡看見了洋娃娃的頭、布萊兒則目睹嬰兒慘遭毒手。雖然夢境的細節稍有不同，她們的感受卻如出一轍。阿曼達接著坦承，她也覺得那棟小木屋帶給她某種不好的感覺，但又認為這種想法有點可笑，因此選擇閉口不談。於是，兩人當下都同意走為上策。她們立刻收拾行李，動身離開。布萊兒事後表示：

那次經驗帶給我很大的轉變。之後，我很快就開始面對不斷閃現的兒時創傷。我也重新回到了靈性的道路上。雖然療癒的練習必須經過一段時間才會產生效果，但是我目前的狀態很好，我有很堅定的信念，也不再因為童年的創傷而把自己看成是受害者。我和我朋友後來還是不知道那棟林中小屋發生過什麼事，但是我很清楚地知道，在那個週末後，我的人生經歷了一次神奇且重大的改變。

故事到此尚未結束。在我試著為這本書徵求更加有神祕色彩的夢境時。我收到了來自布萊兒的回音。原來，就在我寄出電子郵件的那一刻，布萊兒和阿曼達又再次做了共享夢。

有天早上阿曼達打電話給布萊兒，說她做了一個讓人很不開心的夢。夢中有人說，她父親沒有死，還活得好好的。她在夢裡心想：「原來這幾年來他都健在，而我卻毫不知情。」阿曼達難以承受這個夢所帶來的懊悔心情。

「這太詭異了，」布萊兒回答道：「我也夢到我爸還活著。但我覺得很開心，他人還在這個星球真是太好了。」

這就是布萊兒當時主動與我分享的故事。那時，她們兩人經過一番思索後，認為這場夢應該是與兩人的父親情結有關。但故事的發展十分曲折離奇，結局令人震驚。那個夢其實是在顯示死亡的一體兩面，並暗示最終且必然的離別。而接下來的夢境更觸及神祕與直覺的領域。

布萊兒和阿曼達有一項維持數十年的友誼傳統，就是每年至少要遠離城市生活、一起前往加州南部愛德懷鎮（Idyllwild）的林地度假兩次。在那裡，她們可以放慢步調、享受寬闊的戶外空間，甚至連門窗都不上鎖。此外，她們還與自己的「光之工作者」產生強烈的連結。

但是，最近的這趟旅程確實有別於以往。每天晚上，布萊兒都會因為意識到門窗沒上鎖而從睡夢中驚醒，然而那正是她們很久以前定下的老規矩，以象徵旅行所帶來的自由。

接連數日，布萊兒都忍不住起床下樓去鎖大門還有後門。到了第四天晚上，她索性直接睡在沙發上，以防有不懷好意的東西闖進來。

那天晚上布萊兒所做的夢讓她更加心神不寧。她夢見小屋的二樓突然多了一條迴廊，而且散發出強大的惡意。布萊兒是訓練有素的做夢者，知道如何讓自己從擾人的夢境中醒過來。但在那天晚上，她試圖叫醒自己時，有股無形的力量清楚地表明：「不行，妳不可以醒來。」她告訴我：「我只清醒了半秒鐘，然後就被某種不知名的能量給麻醉了，就像癱在手術台上被人五花大綁、動彈不得。」到了凌晨時，布萊兒的忍耐終於到了極限。她強烈感覺到有某種邪惡的東西要對阿曼達伸出魔爪，於是她對阿曼達說：「我們不能再待在這裡了，現在就走！」

在那個時候，還沒有人知道阿曼達生病了，連她本人都不知情。那趟旅行是在五月時去的，到了六月，阿曼達就被診斷出罹患第五期神經膠母細胞瘤；這個星狀腫瘤長在她腦部中央、無法經由手術切除。腫瘤科醫師宣稱，他們從未見過類似的病例。六月底，阿曼達即撒手人寰。布萊兒在阿曼達進入生命晚期的半昏迷狀態時，有過數次奇蹟般的能量體驗，在她去世後，也持續感覺到好友來探視。儘管摯友離世令布萊兒悲痛無比，但她們在此世的連結卻沒有斷裂。正如她們所經歷的共享夢是「一體兩面」，布萊兒雖然心碎，卻也感受到兩人間永恆的連結。

布萊兒與阿曼達的友情連結充滿生命力，這樣的羈絆有強烈的影響力，它所能發揮的作用是神祕而不可解的。由此可知，我們可以用共享夢來強化自己的直覺能力，並釐清與家人、好友和伴侶的連結。這也就是夢境所帶來的啟發，即讓我們在夢中探索現實世界的人際關係。

第4章

夢境揭示的前世今生

多年來聆聽他人的夢境與細節時，我發現有種夢的情節及情境都相當完整，與一般夢境亂無章法的劇情節奏截然不同。不用說，前世夢境的時間背景當然是在過去，其文化脈絡可以輕易辨識出來，與我們所處的現實世界有所不同。夢境有如電影一般地上演，做夢者感覺自己正在觀看來自不同時空背景的生命記憶，也是他前世的記憶。

一般的夢境大多很混亂，場景快速切換、時序不合邏輯、迥然相異的畫面與感知混雜交融在一起，撞擊出人們習以為常的情節。但有時，夢境也會像鮮明的故事，令你感覺像在看電影。如果其中的角色與背景彷彿存在於另一個現實世界時，你便有可能是在夢裡看見了自己前世的記憶。

前世真的存在嗎？在這個世界上，信奉印度教和佛教的人口有數十億，這兩種宗教的基本教義都包含了輪迴。許多民間信仰也認為，靈魂在生死的動態循環中流動。當代不少新世紀的靈性團體也相信輪迴和轉世：每個人在過去都曾扮演過其他角色，意識皆曾棲息於他人的軀殼中。

在東方世界，這是很嚴肅的話題，不光是知道自己的前世是不是埃及豔后而已。輪迴和業力是神聖且有力的概念，可以幫助我們思考今生遭逢的痛苦與掙扎的背後原因，並認為「生命是連續不中斷的」。你此生正在面對的課題在前世都遇過，但當時不見得有處理好。前世以及業力會主控我們在此生的發展，但探索這些事情不是為了要回到過去，而是要在今生站穩腳跟，好好處理自己所必須面對的課題。相信輪迴轉世，我們便能鼓勵自己在現世中盡力去消除業障。因此，我們不需要沉迷於前世的人生有多奇妙，那只是好奇心作祟而已。

前世夢的主要特徵：第一人稱視角

我在二十幾歲時做過一個極為生動逼真的夢，相當符合前世夢境的條件，但等到十年後，由於某次經歷我才回想起它，並了解它的含意。當時夢醒後，我便已察覺到那不是普通的夢，因為那幾年我近乎執迷地在觀察夢境。

那場夢是主要以第一人稱的視角呈現，我就像是從主角的眼睛在看情節進展。我在那時還沒有去過倫敦，但是以前看過的電影給了我不少線索，所以我能猜得出夢境發生的時間及地點：感覺像是在英格蘭，人物的穿著打扮以及四輪馬車應該都是十九世紀初的風格。

夢中的畫面很紛亂。我眼前的景象不停切換，有時是觀察者的角度，有時又是第一人稱的視角。從主角的眼睛去看世界時，我不斷地與路上擦肩而過的男性四目相接，同時感受到一股自然的性衝動。當年我才二十一歲，剛搬到紐約生活，而那個年代正好是愛滋病的高峰期，尤其對於男同志來說，性是會要人命的。我沒有機會去實際探索自己對於性的感受；那檔事既令人感到困惑、又叫人害怕。這場夢顯露出我內在那股欲罷不能的性衝動。我這個年輕、有活力的男同志，卻不敢去探索性、也沒有管道去了解它。我當時認為，這場夢就是在呈現這些感受。

十年後，我仍是孤家寡人，也很想知道下一段戀情什麼時候會到來。為此，我尋求靈性直覺的指引。占卜師說，她接收到了前世的畫面，彷彿看見了我多年前做過的那場夢。她描述了夢境內容後，我非常驚訝。她提到了倫敦、人們的衣著以及我的社會地位。當時約一八五〇年，我生活在維多利亞時代，也還是男同志。

她的陳述吻合了我對那場夢的模糊印象，也幫我釐清，原來我在那一世被人發現了是同性戀，所以下場很淒慘。那位占卜師的說法很有說服力，聽講時，我身體所浮現的感受很清晰，所以非常相信她的說法。

在研究其他人的前世夢境時，我一再注意到有第一人稱視角這項元素，當然這不是夢到前世記憶的充分條件。然而這樣的夢境視角很不尋常，也很令人難忘，因此可做為辨別前世夢境的線索。

受訪者迪娜描述了某一場前世夢。那天一早，她八歲的兒子如往常般睡醒後爬到她床上繼續睡。母子倆一起睡了回籠覺，她在半睡半醒間經歷了一場如實況般的夢境。那不像是半夜REM循環被中斷、在睡睡醒醒時出現的零星片段，而是意識打開一半的夢境：

我穿越時空，眼前是第一人稱視角，而我是夢裡的主角，彷彿我置身在電影中。我沿著一條鄉間道路緩慢、沉悶地走著。我感到筋疲力竭，卻有一種如釋重負的感覺，彷彿卸下了整個世界加諸在我身上的重量。我牽著一個孩子，跟一群人走在一起，大家都穿著破舊的黃褐色衣服。我們低垂著頭，跟著前面的人，一路慢慢地走。我們的身後也還有其他人。我們走在路肩上，馬路在右手邊；路肩有一排樹，旁邊則是一片大草地。

做夢時意識到自己從第一人稱視角在觀看夢境，便是前世記憶的首要跡象。這也是「陷落式」的夢境體驗。一般來說，做夢者得慢慢經歷睡眠階段、進入REM後，才會產生夢境，但前世夢會馬上浮現。迪娜在半夢半醒間繼續做夢：

地上有幾處積雪，大部分已經融了。隊伍緩慢地行進，我低下頭來看著自己的鞋子。腳底下踩的泥土濕濕軟軟的，人群在搖擺行進時，發出了磨擦的聲音。這場夢最讓我印象最深刻的，就是雙腳踩在土地上的感覺，包過它的柔軟度以及發出的聲響。沒有人在講話，只有人們的腳步聲。我左手邊的草地上也有幾處積雪，有幾撮細小的綠芽已冒出頭來。冬日正在消融褪卻，春意正在初生萌芽。

右手邊的馬路不大，它看似一條鄉間小路，周圍沒有房屋，直接穿過農地和農村。醒來後我回想，牽著那孩子的手（我想那是我女兒）是什麼感覺，應該是無比慶幸又有點悲傷。我們經歷過一些不堪回首的遭遇，現在也不知道該何去何從，但是至少已經不再害怕了。

迪娜醒來後，心中開始翻攪，意識逐漸回神。她發現兒子仍躺在床上，緊靠在她的身旁。冷不防地，兒子忽然天外飛來一筆，做了個奇怪的提議：「媽媽，我們應該去一趟以色列。」迪娜問原因，兒子也說不上來。迪娜告訴我，也許兒子是跟她經歷了同樣的夢境，才會說出那番話。深受猶太文化所吸引的迪娜，就會擁有強烈的道德感和正義感；只要接觸到有關納粹大屠殺或是暴力的議題，就會觸發她內心的深沉感受。

這個夢境所反映的究竟是什麼，我們無法確知，畢竟生命中有許多神祕的面向。不過，它鮮明的氛圍，令人聯想到納粹集中營被解放後的意象。加上兒子沒頭沒腦地想說要去以色列，迪娜認為，她在那場清醒夢裡看見了自己的前世記憶。

案例分享——布蘭妮的戰爭回憶

布蘭妮告訴我，她小時候會做很恐怖的惡夢。她的家庭生活的確不太幸福，但她所做的惡夢更加可怕，盡是真實且激烈的戰爭畫面：軍方遍地搜尋屍體、試圖搶救傷患，還有斷手斷腳的傷兵在哭天喊地。絕大多數的小孩不可能看過這樣的畫面。

布蘭妮提到的重要關鍵，經常在這一類的夢境中出現，也就是沒有明確的開場和結局。這些戰爭場面有如一段永無止盡的故事，布蘭妮在進入做夢狀態後便會掉入這些情節中，但兒時的她還不知該如何形容和描述。等到布蘭妮十一、十二歲大時，便開始搜尋兩次世界大戰的資料，試著把那些惡夢所展示的畫面拼湊成完整的故事。身邊的大人對她這番努力嗤之以鼻，並斷定那只是普通的惡夢，八成是因為玩太多電玩遊戲了。

布蘭妮在十四歲時做了一個夢，這個夢最終改變她的內在體驗以及生命軌跡。那是她這一輩子做過印象深刻的夢，怎樣都忘不了。布蘭妮說這個夢有幾個特別之處。首先，她不是醒著的，也沒有睡著。十四歲時的她不曉得要怎麼形容這樣的狀態，長大後她才明白這帶有清醒夢的意味。她因此了解到事有蹊蹺。

這個神祕夢境的另一項特點是，夢中的男性給她很奇特的感受。以往出現在夢裡飽受戰火摧殘的人物，都是陌生的臉孔，她感受不到自己與他們有任何直接關聯。她會在夜晚莫名其妙地親臨戰地現場，早晨醒來後，若無其事地展開新的一天。

這場夢的開頭很平凡。她站在當時住的房子外面，還有一股衝動，想要阻止某人離開，但也有一種「為時已晚」的預感。接著，有意思的事情發生了。她開始起飛，從她居住的社區一路飛到她所就讀的中學，據她所說，只要讓頭腦順從身體和心的運作，就飛得起來了。抵達這個有某種意義的目的地時，她看到好多陌生人拎著行李排成一長串，像是要登機一樣：

我跑到隊伍前方，看到了一個男人；他穿著新兵制服、皮膚曬成了小麥色、有胖胖的鼻子和尖尖的下巴。我毫不猶豫地拉他轉過身，然後緊緊地抱住他。我不記得自己有開口說話，但是我覺得再也沒有機會見到他了，彷彿即將失去一個我深愛的伴侶或朋友。我透過心電感應的方式告訴他，我會很想念他、我愛他；他也好像對我說了一樣的話。不知道為什麼，我接受了這樣的分離，彷彿在道別的那一刻，兩人一起度過了悲傷必須經歷的各種階段。而當我在他懷裡開始流淚、哭泣的時候，我哭著醒了過來。當時十四歲大的我，為了這個男人、這個素昧平生的人，痛哭失聲。我做過很多跟戰爭有關以及駭人的夢境，但這場夢最與眾不同，也最叫人傷心。

大概過了十年後，芳齡二十四歲的布蘭妮依然沒有忘記那場夢。每次認識職業軍人時，她都會忍不住猜想，這個人是不是多年前出現在她夢裡。有次她認識了一個年輕人，約會了幾個月後，她看了幾張他參加新兵訓練時的照片，整張臉刮得乾乾淨淨、沒留鬍子。當下，布蘭妮滿腦子想的都是：這就是十年前她所夢見的那個人。

這名年輕人差點因為一場可怕的車禍命喪黃泉。他的車子以每小時九十五公里的速度衝下高速公路，他人則被拋出車外。這些照片是在車禍發生前拍的。事故發生時，急救人員宣判他當場死亡，但送到醫院後，他奇蹟似地脫離昏迷狀態並漸漸康復。

這則故事的重頭戲在於：他發生車禍的時間，正好與她那場夢出現的時間點吻合。

這神奇的同步性是一道大門。那不肯停歇的渴望和直覺，讓她與這名男子相遇。正由於這名男子的遭遇與她的夢境有不可思議的關聯性，促使布蘭妮去探索「靈氣」(Reiki) 及能量工作等領域。

她也嘗試過催眠，來一探她與這個男人在能量層面上的連結。最後，她求助於占星學。身為一名占星師，我可以告訴你，這兩個人的星盤有幾個非常具體的位置，可以顯示出他們有前世的連結。

「月亮交點」是太陽系中產生日蝕與月蝕的能量向量，在個人星盤上會顯示為「南交點」與「北交點」。前者代表的是個人今生須解決的前世業障，後者指的則是今生的目標與命運。假如兩個人的星盤，在不同的交點間有呈現出幾何學上的相關性，那代表他們的前世意識是有連結的，正如布蘭妮與這名男性一樣。他們兩人的合盤有幾個有趣的位置，它們呈現出劇烈的行動及暴力傾向。戰爭的意象在占星學中是透過火星來表現的，因為它是以戰神馬爾斯（Mars）來命名的星球。

催眠療程為布蘭妮揭露了更多的真相。她形容那是「瘋狂的靈性療癒體驗」。在過程中，她和前世的自己展開了對話。在那一世，她身為男人參加了第二次世界大戰，並因自己的戰爭行為產生龐大的罪惡感及羞愧感。雖然他別無選擇，只能奉命行事，卻覺得妻子和孩子會對他失望透頂。他沒有辦法承受戰爭結束後內心油然升起的創傷。在進行靈氣療程的期間，治療師告訴布蘭妮，由於某段前世的遭遇，導致她患有創傷後壓力症候群。想當然耳，她很清楚哪一段前世是罪魁禍首，她也才了解為何自己長年以來反覆在夢裡看見戰爭與打鬥的畫面。

從布蘭妮的生命軌跡來看，那位年輕人所扮演的角色比較像是催化劑，而他與多維度世界之間的關係，我們並不是很清楚。不過可以確定的是，這個經驗對布蘭妮、以及她現在所選擇的生活方式非常重要，這就是神祕夢境具有的力量。

案例分享——變成美洲民的艾波

現年四十多歲的凱希，在十五歲時做過一個糾纏她一生的惡夢。在夢裡，她為了要躲避某人，跑進一座穀倉躲了起來。她清清楚楚地記得所有的細節：她跨過了一對門扉，明亮的日光透過門縫照射進來，形成一道道光束。她穿著長裙，躺在穀倉的泥土地上。她在躲避的對象無疑是男性，她感到十分恐懼，深知對方意圖傷害她。以下是這場夢的描述：

> 我的視角不停切換；一下子我正在躲避施虐者（殺手），一下子又透過第三人稱的角度冷靜地看著一切。在我醒來前，他都沒有找到我。起床後，我很確定這件事情確實發生過，心裡沒有一絲懷疑，但是我到現在還是不懂那是怎麼一回事。我試過再睡回去那個夢裡，繼續未完的夢境，但是沒辦法。我在那個夢裡感覺到、也觀察到非常深沉的恐懼。但回想起它，我又覺得很平靜，沒有害怕的感覺。

這個夢境帶給凱希十分真實的感受，她認為，她有可能觸及了發生在她家附近的真實事件。她從小在農業社區長大，知道有好幾個類似的穀倉就建在朋友家的土地上。夢中的畫面太過震撼，所以她在外出時會隨處留意，就怕有一天會看見那座穀倉。隨著時光流逝，那些畫面在凱希的記憶中漸漸褪色，但那份記憶在她身體留下的感覺依舊十分強烈。她非常相信這段記憶所擁有的力量：「我看見了在過去某一瞬間發生過的事。這一點毋庸置疑。但我不知道是基於什麼樣的原因，才會出現在那裡。我是觀察者，也是我自己所觀察的對象。那個經驗在我的腦海揮之不去。我相信無形與未知的世界，那場夢使我更著迷於各種我不明白的事物。」

艾波十分熟悉夢境的力量，而她人生所要追求的目標也是獲得更高層次的意識，以及達成自我實現。她這輩子常常在重複做同樣的夢，當中有具體的情境，情節也彷彿恆久不變。這些夢境偶爾才會發生，但每當她進入這個場景時，便會強烈地感覺到那是同一個地方。

在這些夢裡，有時她是男孩，有時則是女孩，不過都是以幼童的型態出現。夢裡的情境充滿美洲原住民氣息。艾波篤信，這個村落在遠古的時空應該存在過。情況在二〇一一年有了大幅的轉變，有可能與艾波成年後展開的一段關係有關。每年春天公司都會舉辦年度盛會，而她需要跟一名男性合作，因此他們在那段時間互動很密切。在他們相遇那一年，兩人一拍即合。不過，他們是到了第二年才向彼此坦承內心的情意與期待，這段關係才有些明朗。他們各自居住在美國的不同地區，而這段關係最終並沒有發展成愛情，但是兩人的友誼已經超越了工作層面。艾波的夢境如下：

我住在沿河岸而居的美洲原住民村落裡。日常生活唯一的威脅就是大自然，以及與我族敵對的部落。我是個二十幾歲的女人，很明顯懷有身孕。秋天就要來了，我每天的例行公事是清早起床、為另一半梳髮編辮、走到河川下游處淨身並為我自己和丈夫做一頓早飯。接著，再和一大群女人一起處理獸皮、製作衣物、齊聲歡笑。另一半時常會趁著空檔偷溜過來找我，我也經常放下工作出去陪他。

我們族人喜歡騎馬奔馳、散步、圍著火堆相聚。我們好年輕、好快樂，那種幸福找不到言語可以形容。

以上敘述滿足了典型前世夢境所具備的各種要件。首先，這場夢所呈現的成年情景，與她多年來一再夢見的幼年景象之間有著直接關聯性。那肯定是她過去曾多次造訪的同一座村莊，只不過時間往前推進了，她現在是大人了，可以體驗大人會做的事情了。艾波繼續說了下去：

突然之間，天色暗了下來，我的另一半加入了參戰的行列，已奔赴沙場。我不在自己家裡，而是在女性屋舍裡，肚子裡的孩子就要出生了。我哭得死去活來，央求著要去見另一半最後一面。然後，我變成了一隻老鷹，在天空中盤旋，時序已轉為冬天。有個男人坐在我家的小屋前面。他孤身一人，赤身裸體。他拒絕接受任何人的幫助。我從天空降落，試著告訴他我在這裡，但是他不肯聽。我朝著天空高高飛起，而他就在我的旁邊，跟著我一起飛。

看起來，這場夢兼具真實性與象徵性。結局和意象看似是在暗示著，這兩個人的關係不會在這座村莊和這一世畫下句點，這兩個靈魂的連結會延續下去。做完這場夢的隔天，艾波收到那位朋友傳來的訊息，便隨口向他提起，她剛才做了很有情緒張力的夢。經過一番來回討論後，這才發現，兩人所做的夢大抵上幾乎相同。

這是另一個例子，說明人類如何理解神祕世界，以及不同結構的夢境如何交織在一起。從此以後，他們便不曾與對方失去聯繫，並深信兩人就是出現在夢中的那對夫妻。

案例分享——安妮的雙層木床

在第二章登場過的伊萊，從三歲起便與神祕的夢中世界糾纏不清。當然，他當時完全不曉得有前世這回事，但經常在睡醒後感覺自己扮演了不同的人。當時，他是以天真爛漫的角度在理解這件事，而長大以後的伊萊才能解釋那些幼年經驗的含意。在三歲時，他感到懵懵懂懂，但是隨著時間過去、想法漸漸成形，如今七十三歲的他，可以很清楚地說明那些經歷的意義。

在童年的夢境裡，他能與無數人產生連結。他後來還為這個神祕場所取名：「靈魂集散地」。而他仍是小男孩時，便能一一認得夢裡的人物。

伊萊小時候和爸媽跟弟弟住在布魯克林的小公寓裡，他睡在客廳書櫃後方的小床上，經常在夢裡見到來自靈魂集散地的各種人物。在這些怪誕的夢境裡，他有時能從他們的視角去看事情，這是源自於內在的感受。在其中一個夢中，他感覺自己生活在叢林裡：

另一個不斷重複出現的夢境也是在那時出現的。我走進了一個很大的房間。我是一個五十幾歲的男人，有個女人從房間另一頭走了進來，他應該是我女兒。後來有人從背後捅我一刀，我就死了。我從三歲就會做這個夢，它總是不時反覆出現。

就在我升上小學四年級的第一天，我翻開全新的社會科課本，有一頁的左上角有張插圖，畫的是古埃及的一棟房屋，雖然外觀不完全一樣，但是我馬上就感覺到，那就是我夢見的房子。而我這輩子不曾在現實中看過那樣的房子。

在另一場夢裡，伊萊與另一家人住在一棟超級豪宅裡，家中到處都有僕人。他從夢裡醒來後，心裡有股奇怪的感覺，覺得自己同時扮演著兩個角色，一個是他自己、另一個是夢中的主角。於是他問母親，他的另一對父母發生了什麼事。伊萊的母親似乎被激怒了，此後他便不敢再提起這些夢境。

童年時的伊萊住在城市裡的小公寓，他的生活中不可能出現豪宅和叢林，因此，他從第一人稱感受到的場景實在很不可思議。在夢醒後，他也感覺到，自己就是出現在夢中的那些人物。讓伊萊永生難忘的是，有天早上他在夢中意識覺醒，對著自己說：「你是那個跟弟弟住在三房公寓裡的小男孩……」他一開始以為，這個來自靈魂集散地的說話者是夢中的其他角色，但是他後來發現到，自己就是那個靈魂，而那是另一世的時空。

伊萊到二十幾歲時，才偶然發現了一本書，當中有他需要的背景知識，以幫助他理解兒時夢境的書籍。它的書名很直白，就叫做《我家小孩的前世》（*Children's Past Lives*），而作者訪問了來自不同文化、已然接受輪迴轉世概念的人。因此，年幼時期的伊萊真的接觸到自己的前世，而這本書要傳達的觀念，或許能讓他母親冷靜坐下來、好好聽他講述夢的內容，不再像當年一樣怒氣沖沖、防衛心很重。

最後，讓我們來看一下安妮的故事，她終其一生都對夢境帶有好奇心與敬意，這也成為她探索自我的驅動力。安妮在五、六歲時做過的夢，有可能是她前世的記憶，而那些畫面居然在她長大成人後映入眼簾。對她來說，這些巧合令她非常震驚，就像瞬間被開槍射中一樣。

在某個反覆出現的夢境中，安妮坐在一張木頭製的上下鋪床上，她四面環顧著自己所在的空間，全都擺滿了木製雙層床。她所坐的那張床也被擁擠地排放在這個空間裡。安妮感覺得出來，自己在夢裡是身體健康、臉頰紅潤的小女孩兒。她沒有嗅聞到邪惡的氣息，反而好奇自己身在哪裡，以及其他張床的主人都去了哪裡。這個夢境在那幾年間不斷地重複上演，但是沒有帶來惡夢般的感覺，而且畫面深深地烙印在安妮的心裡，讓她一輩子想忘也忘不了。

安妮的母親及外婆都經歷過納粹大屠殺，還是布亨瓦德（buchenwald）集中營的倖存者。因此，安妮自然很了解這段時期的相關知識。但她做夢時才五歲，家人還不會公開討論這段家族史。在母親刻意隱瞞下，年幼的安妮不可能得知大屠殺的實際情況，以及在集中營裡所度過的日子。一九四五年，美軍解放了納粹集中營，而安妮是在一九六二年出生的。若干年後，安妮意外看到了盟國士兵所拍的照片，畫面中有她不曾忘卻的木製上下舖床架，而三、四名憔悴消瘦的囚犯被迫擠身於單人床位。安妮一眼就認得出，那個不斷重現的夢就是集中營的場景。

第5章

探訪夢

死亡，是生存本身最大的謎團；沒有死亡，生命便不存在。每個人皆須面對的存在危機，接有賴於他對生死的認知。我在讀研究所的時候學到，從心理學來看，人類社會的衝突皆源自於對死亡的恐懼，它深埋在你我的潛意識中，不時浮現來搗亂。作為心理學家，我同意這是對人性狀態的真實陳述，但作為神祕主義者，死亡所帶來的恐懼以及潛意識下的深層運作都是有多層意義的。

人類所感知到的一切存在皆可透過二元論來解釋：上和下、進和出、右和左、日和夜。用不著說，最根本的二元論即是生與死。此外，我們是無意識的生物，必須藉由意識來體驗世界，這也囊括在二元論的範圍內。每一種二元論在性質上又可分為陽性和陰性。舉例來說，東方傳統認定，左為陰、右為陽；日光充足的白天是陽性，夜晚是陰性。在占星學中，太陽是陽性的象徵，而月亮是黑夜的掌權者。

這種想法也可代入到生與死的大哉問中：生命是陽性，死亡是陰性。從這樣的觀念來理解，新生與死亡基本上是同一件事，因為死亡即是重生。將這層見解延伸至睡眠與做夢，那麼清醒便屬於陽性，睡眠與做夢便屬於陰性。

睡眠與死亡、清醒與生命都是兩兩有所關聯的。我們可以說，每天晚上入睡時，就是在經歷象徵性的死亡；每次從深層的睡眠甦醒時，即獲得了重生。

有三件事情能帶給我們相同的感受力：睡覺、做夢、死亡。在清醒狀態下，思考性心智是我們腦中的敘事者和領航員。進入睡眠狀態時，那個部分的大腦會被關閉，意識有如經歷了短暫的死亡，要等到早上大腦重新開機時才會恢復。

在睡眠與夢境世界中，缺少了講求思考的心智，而是改以我所謂的「夢中心智」來運作，且不受前者所拘束。睡眠及做夢是人在世時最接近死亡的狀態。

依循這樣的邏輯，我們便可以同意，「戳穿生死間薄紗的方法，就出現在夢中」。因此，靈媒（medium）的意思就是能直接觸及死亡彼岸的靈魂以及各種維度的世界。很多人能與這些無形的世界建立直覺性的連結，當他們與別人共處一室時，很容易與對方過世的愛人或親友產生連結。這些人就像是配備了靈性的天線，更容易接收到不同維度的訊息。

探訪夢的強大能量

泰瑞莎有這種能力、也願意與我分享相關經驗。她多次夢見已經去世的人。她說過一句很有意思的話，也印證了我的想法。與一般、混亂的夢境有所區別，探訪夢有特定的架構，彷彿「逝者直接走入夢境」。

泰瑞莎有紮實的靈修基礎，成年後以塔羅占卜及靈氣治療維生，因此她的日常生活總有機會去展露直覺力。泰瑞莎與許多靈性領域的助人工作者一樣，經歷過一段紛亂、痛苦的童年時光。她在七歲的時候，看過一名天使前來，幫助她與自己內在的神祕力量接上線；這個畫面從此改變了她的一生。

有位懂茶葉占卜的奶奶看出泰瑞莎的超自然天賦，並以「知曉」(knowing) 形容她的才能，不過她是在好幾年後才理解到這個字的意思。泰瑞莎在二十幾歲時得到了第一副屬於自己的塔羅牌，並開始了解現實人生與夢中世界的直覺性體驗以及其中的關聯性，包括和剛去世的人們產生連結。

與她產生直覺性連結的對象都是在生活中認識的人，在完成塔羅牌占卜或是靈氣療程的當天晚上最容易發生。她與客戶合作時，通常會開啟自己的能量場，以接納客戶的能量場，但事後也不急著關閉它。因為能量保持暢通，泰瑞莎在進入夢鄉後就會繼續與神祕世界有連結。

在新冠疫情期間，政府頒布封城令的頭幾個月，有位年輕女子來找泰瑞莎做塔羅占卜。出於靈媒的敏銳性，泰瑞莎立即感覺到，有個能量體跟了進來——是這位客戶的父親。這位客戶看起來很年輕，卻隨即坦承，她的父親的確在幾個月前去世。而且由於防疫措施的規定，她沒有辦法陪在父親身邊、見他最後一面，所以她非常難過。

那晚入睡後，泰瑞莎做了一個平凡無奇的夢。她在占卜時見到的那位男人，也就是那位客戶的父親，卻出現在她的夢裡。隨著夢境發展，他留下了一段給女兒的話，雖然他白天來找泰瑞莎的時候，是用雙手摀著自己的嘴。以下這段話便是他留下的訊息：

我沒有機會跟她說再見。我有好多話想要對她說。請告訴我女兒，我會一直陪在她身邊。在颳起涼風的時候，去我們最愛的那片海灘，去我們的老地方，坐下來眺望大海。我會去到她身邊，風會捎來我的話語。

通常這種夢境出現時，泰瑞莎會感到十分充實，這次也是。她在隔天上午打電話將這段訊息轉告給客戶，對方聽到這段話非常感動。一段時間之後，她向泰瑞莎表示，她確實在某個颳風的日子去了海邊，並深刻感受到與父親之間的連結，呼嘯的風聲確實傳達出美麗而誠摯的訊息。

不需要成為專業的靈媒，也有可能經歷神祕的探訪夢。這方面口耳相傳的故事非常多，可見它們很有可能是人類意識的基礎面。在寫書的過程中，許多人跟我分享神祕、神奇的夢境體驗，而探訪夢是最常出現的類型。

派翠西亞在九〇年代經歷了喪父之痛。她父親在最後的日子已成行屍走肉，所以她在最後一次擁抱父親時，內心感到十分痛楚。幾天後，去世的父親便出現在她的夢中，給了她熱切渴望得到的那個擁抱。

受訪者阿麗絲說，她被迫為愛犬小紅進行安樂死後，曾夢見牠在一片開滿雛菊的青草地上，朝著自己奔跑過來。她當時非常難過，但這場夢帶來一種連結感，幫助她度過那段煎熬的時期，也持續感覺到小紅一直陪在她身邊。

西比莉亞的父親過世時，她才十九歲，沒有錢買機票回家參加葬禮。後來她做了一場非常清晰的夢，彷彿是一種「內在體驗」。在夢中，她見到了父親，好好地跟他說了再見，感覺就像是參加了葬禮。這種夢境令人動容，甚至比葬禮還更有意義。

這種現象相當普遍，絕大多數的人可能都有過這種經驗。畢竟，絕大部分的夢境都是歸潛意識所管，當我們落入心靈深淵、掉入遠低於清醒意識的層次時，夢中世界的濃淡豐薄便由不得我們來掌控了。夢境會對做夢者產生顯著的影響，尤其是它牽涉到做夢者所悼念的至親至愛時。在夢中感覺到至親之人來訪後，做夢者會感受到強大的能量，甚至對自己的信念系統帶來革命性與顛覆性的影響。

探訪夢的代表人物：祖母

多年前，我遇見一位年輕的做夢者，他因為祖母去世而深陷悲傷的情緒。他是由祖母帶大的，而她的死讓他第一次體會到生離死別的沉重感。他向我透露了一段故事，當中包括令他對生命徹底改觀的某個瞬間。祖母死後，他身上發生了一些事，而他因此所受的影響，連自己都摸不著頭緒。從理論上來說，他經歷了一次個人的「典範轉移」。

一接到祖母的死訊，強納森立刻開車要從洛杉磯回到位於聖地牙哥的老家，準備和家人一同參加葬禮。在路上，他感到非常睏倦、精神不濟，為了行車安全，他開下高速公路，買了點東西吃，然後找了個偏僻的地點把車停好，小睡了一會兒。他馬上陷入深層的睡眠，並做了一場夢。他夢見自己在車內睡覺，醒來後發現車子停在一棵大樹底下，祖母就站在那裡。車子突然間消失了，而他和祖母一起站在這棵巨樹的樹蔭下。祖孫倆什麼話也沒說，但是他感受到一種好幸福、好快樂的感覺，內心也充滿了平靜，那是他自從得知祖母去世後，便不曾有過的感受。

強納森在述說這段故事時，眼裡盡是淚水，然而令我久久無法忘懷的，並不是夢境的情節。畢竟，我已聽過好幾十次類似的故事了。真正令我感動的是，單單因為經歷了這場夢，他的身心就發生變化。在此之前，他從來不曾與其他維度有過接觸。那場夢境使他經歷了一次典範轉移，他在那一刻跨越了意識的門檻，見識到生命的奧祕。從此之後，他走上了一條不斷拓展的靈性道路，他的心智被打開了，這全要歸功於那場顛覆性的夢境。

祖母是探訪夢最常出現的主角。大多數人都是受到女性照護者的關愛與呵護，祖母更是代表著無盡的愛與支持。教養子女的壓力不會落在老一輩的肩上，所以晚輩可從祖母身上感受到關心和疼愛。但畢竟祖母年紀大了，很多人在懵懂少年時便與她們天人永隔。因此，我所收集到的許多探訪夢都與祖母有關。在探訪夢中見到祖母的雪莉，正是代表性的範例之一。

雪莉小時候和祖母很親，每年夏天，她都回鄉下與祖母一同生活。雪莉在生活中建立了紮實的靈性基礎，即使是在祖母死後，祖孫間的連結仍然相當緊密。這是個美麗的巧合，正當我在四處向人打聽這一類的夢境故事時，蘿莉正好就做了這個夢。她收到我的電子郵件後，跟我如此形容這個夢境：

我進到了一個昏暗的房間，裡面沒有家具，也沒有擺設，只有幾張簡單的椅子圍成了一圈。緊接著，我發現自己站在那堆椅子所圍成的圓圈中央，然後我看到，祖母、姨婆和幾個我不認識的女士坐在這些椅子上。

我很喜歡這幅所有女性齊聚一堂的景象，它好像象徵一種血脈傳承，架起了她與祖先之間的橋樑。有過瀕死體驗的人都說，在那個片刻，你會感覺自己朝著光亮處走去，或是見到了死去的家人。探訪夢的故事也讓我們一點一滴了解到，祖先有可能在跨越區隔生死的薄幕後，互通有無、互有往來（雖然這聽起來有違常理）。在雪莉的夢裡，她們顯然正在策畫、安排某種集會：

我感覺到祖母出現在我身邊，她是我們家的重要人物。在她旁邊的是她姑姑，是家族中的重量級人物，祖母和姨婆們向來都很敬重她。她勇敢無畏、獨立自主。祖母請她姑姑教我跳華爾滋，老人家也欣然同意。然後，她將一隻手輕輕地放在我背上，用另一隻手握住我的手，她帶著我跳，向我展示各種不同的舞步。再來，我就醒了。

夢醒之後，雪莉覺得自己通過了某個人生的階段，彷彿接受了一場神祕儀式的洗禮。有趣的是，負責指導雪莉如何舞出快樂的人不是她的直系祖先。祖母出現在那裡的目的，只是為了讓雪莉感受到關愛及保護，讓她能順利接受女性大家長——祖母的姑姑——所給予的祝福。雪莉的感想非常激勵人心：「我感受到自己與祖先的強大連結，我立刻明白，自己從來不是一個人。這些強悍女性的血液在我身體裡流動、甦醒。我真心地感謝能有這場夢。」

史黛西的祖母在她十一歲那年去世，當時她感到世界都要崩解了。她從小生長在一個破碎的家庭，父母感情不睦、情緒又不穩定、無法提供孩子所需要的安全感。在童年時期，只有祖母愛她，滿足她內心的各種需求。史黛西說：「她走了之後，我以為世界要崩塌了。我非常痛苦，常常會打開她的衣櫥，拿出她的衣服摟著，想像抱著她的感覺。

當時我覺得，沒有她，自己是不可能活下去的。」

幾個月後，史黛西在夢裡見到了去世的祖母。她說，那是她有生以來做過最光彩奪目的一場夢。夢裡的場景是一座美麗的花園。這個設定十分合理，因為祖母生前非常熱愛園藝，還常常帶著史黛西在花園玩。

補充說明：花園是探訪夢中最常見的場景。在史黛西的夢裡，她與祖母一起坐在長椅上，看著這片華麗燦爛、五彩繽紛的花園。

這場夢的宗旨與所有的探訪夢一致，就是為了傳遞訊息。「她說她過得很好，也向我保證，我在人世間會過得很好。她會看顧我，在冥冥中幫助我。」史黛西說道。這個訊息非常簡單，而簡明扼要的訊息就是探訪夢的首要特徵。

夢醒之後，史黛西的人生出現了一百八十度的大轉變。她感受到一股「無可估量的平靜」。她的想法改變了，此後更有信心去面對人生的挑戰，不再覺得覺得自己一點一滴地在日漸凋零。

自從做那場夢到現在，已過了四十年。史黛西依然感受得到那場夢所來的力量。

探訪夢的代表物品：長椅

剛剛提到，花園是探訪夢中常見的場景。此外，史黛西的夢裡出現了一樣比花園更有象徵意義的物品，那就是長椅。無論在何種夢境中，它都能串起互不協調、不合時宜的事物。在都市裡，長椅有許多用途，供我們暫時擱下手邊的事務、稍事休息，或暫停前往目的地、歇歇腳。

坐在公園或花園的長椅上，我們就能悠閒放鬆地欣賞美的事物，不用煩惱俗世的目的或目標。長椅之所以會出現在探訪夢中，是因為就潛意識的層面來看，它令人聯想到放下手邊事務、平靜地休息一下。

受訪者布萊恩說，父親在他十五歲時因病住院，數個月後便離開人世。葬禮辦完後不久，布萊恩做了一個夢：天空透著美麗的湛藍色，在他目光所及之處，盡是青翠的草地，除此之外什麼也沒有。他在夢裡隱約感覺到自己在移動，在越過一處緩坡後，果然有張長椅出現在不遠的地方。他與父親坐在長椅上聊了幾分鐘，接著父親說他該走了。話一說完，父親便飄浮了起來，在離地兩公尺高後開始盤旋，並以超人翱翔的姿勢緩緩地向上飄移。

布萊恩希望父親留下來，但父親不斷說著，自己該離開了。這個結局看似沒有很美滿，但布萊恩在醒來後卻覺得心中了無遺憾。這份清明的感覺撫慰了少年布萊恩的悲傷，並在他心靈中撒下種子，促使他在長大成人後朝靈性探索的方向前進。

另一個與長椅有關的探訪夢來自於受訪者安。她說，夢境的情景很模糊，但她記得當中出現了墓園與長椅。安與祖母互動頻繁，所以祖母在她心裡佔據了重要的地位。祖母有很強的直覺力以及神祕的預感，還有某種特殊天賦。在至親好友進入彌留之際，祖母能看到「死亡陰影」現身，並準確預言對方的大限之日。祖母也能透過人的筆跡，精準地得知對方的能量狀態。安常與祖母一起閱讀信件，除了辨別寄信者的字體，也試著感受其中的能量，進而憑直覺來認識信件的主人。

祖母因為中風住進安養院後，安常常陪祖母寫字，因此她非常熟悉祖母的筆跡，一眼就認得出來。

在那個夢裡，有幾項探訪夢的關鍵要素。首先，它只有一個場景，也就是墓園，再來是長椅，這代表在日常生活外的重要時刻。不過，這場夢並沒有出現經典的情節與畫面，因為祖母並沒有親自現身。安在夢裡收到了一封信，她非常肯定那是祖母寫的，從筆跡就能認得出來。信件要傳遞的訊息也符合探訪夢的特色，安說道：「她寫了一張短箋給我，上頭寫著『一切都好，我在這裡過得很好』。」

積極想像的技巧

接下來，我們要來探討的探訪夢與英年早逝的年輕人有關。其中一則較為感人的案例是蕾絲莉告訴我的；她的兒子在十七歲時自殺身亡。這則故事扣人心弦的地方不光是為人母的傷痛之深，還有這場夢境的複雜性，因為它也是一場「夢中夢」。蕾絲莉在她兒子去世整整八十一天後，才做了這場夢，並帶給她無比的慰藉，並延續到多年後的今天。

蕾絲莉所經歷的第一段夢境是單純的探訪夢，其實內容完全符合前文提到的結構：單一情境加上明顯的主軸。夢境上演的地點是做夢者的房間。蕾絲莉對這段夢境做了以下的描述：

我在凌晨某一刻醒了過來，看見約書亞坐在床尾。他穿著Levi's牛仔褲、灰色的Central Catholic T恤，還戴著眼鏡。我起身抱住他問：「是你嗎？小約，真的是你嗎？」他說，「當然是我啊，媽！」他握住我的手，接著我又陷入了深層的睡眠。

這段夢境感覺太像現實生活，蕾絲莉還以「我醒了過來」來敘述當時的背景。不過，死去的兒子坐在床尾，這樣的情節當然是夢境。她在夢中的意識讓她與兒子產生連結，兩人接觸後，她的心靈隨即將此轉化為標準的夢境。蕾絲莉便在這個夢境中與自己的靈魂產生連結，也與兒子的靈魂交流。蕾絲莉後續回顧時談到：

我夢到我在他房間，但那不是他在家裡原本的房間。我找到一小袋聖誕節沒吃完的巧克力和糖果，於是我在隱蔽的角落享用它們，一邊環顧他房裡擺的玩具：一個玩具車庫、幾台卡車和汽車。看著這些玩具，我心裡覺得好難過。然後他不知道從哪兒忽然出現了。他看起來大約九歲，穿著一身全白的太空裝。透過頭盔上的面罩，我看見他可愛的臉龐。他隔著手套牽起我的手，然後一起去了外太空漫遊。

那個部分我記得不太清楚。不過，我們後來回到了房裡那個隱蔽的角落，然後他就說他必須走了。我想跟他親親說再見，於是他掀開了面罩，讓我親親他的臉。我感覺得到嘴唇親吻他柔軟臉頰時的觸感。我看著他、握著他的手，我真的好高興。他要離開的時候，對我眨了一下眼睛，並用心電感應的方式對我說：「你不介意幫我打掃房間，對吧？」

他離開後，我在夢中啜泣。

這段夢境是蕾絲莉個人最純淨的心靈所產生的。首先，她人在兒子的房間，這代表她內心的私密空間，當中存有自己對兒子以及兩人關係的記憶。說到童年時光，大家最鮮明的回應就是聖誕節，當中充滿著濃烈的喜悅氣氛。糖果和玩具卡車都能反映出兒時歡樂的畫面和氣氛。太空裝也是，這個道具象徵了約書亞的想法與興趣，也象徵他不存在於肉體中，活動狀態是接近於太空人。此外，宇宙的意象也代表他與精神世界的深刻連結。

蕾絲莉說，這個夢境發生在兒子去世後的第八十一天。八加一兩個數字加起來等於九，這在數字命理學（numerology）中代表完整與終結。兒子在臨走前請求母親打掃房間，這也有象徵性的意義，代表她會滿足孩子的需求。

這場夢境所帶來的神祕力量延伸到了蕾絲莉的現實生活，隔天早上她在滑ＩＧ時，第一個看到的圖片就是太空人的照片，這樣的巧合她並不意外。蕾絲莉平時也會規律練習「積極想像」（active imagination）的技巧，也就是用創意跟不合邏輯的角度來應用夢境的意象。她在臉書上看見太空人的照片，正是積極想像在發揮作用。

積極想像是有意識地與潛意識進行對話，而這項技巧的發明者就是現代夢境探索之父——卡爾．榮格。二十世紀初期，這位瑞士心理學家發展出多項冥想的技巧，只要善加應用，存在於潛意識中的素材即可轉變為影像和聲音，甚至更加具體地形成具有人格和性格的原型。運用這種方法便可串聯意識與潛意識的自我。

從廣義的角度來看，只要能讓理性的心智安靜下來、並以創造力去進行自我探索的方法，都是積極想像。榮格原創的步驟為：

備妥紙筆
坐下來構思
寫下問題
召喚潛意識來回答

為了得到潛意識的答案，必須改以非慣用手來拿筆，光是這個動作便能觸發不同的心靈層面。這個技巧非常適合用來探索難解的夢境、召喚夢中的人物現身。我會請做夢者坐下來，與夢中人物展開對話：先以慣用手寫下問題，再換手寫下答案，結果往往令人訝異、大開眼界。

為了更深入了解這個夢境的含意，蕾絲莉坐下來與她心中的約書亞對話，她先在紙上以慣用手寫下問題：「我們昨晚一起去了哪裡？」換手拿筆後，她得到的答案是：「彩虹星星那裡。」這個答案隱含了與「彩虹橋」有關的有趣意象；而彩虹橋象徵的，是人在死後要化為精神形態前所跨越的過程。除此之外，蕾絲莉也充分善用了夢中的畫面與象徵物，以此進行創作。過程中，她清楚地看出自己處於哪個悲傷的階段，並學著去整合破碎的心，最後她完成的作品也為她帶來莫大的慰藉。

案例分享——來不及和解的賈桂琳

受訪者賈桂琳在父親去世前已與家人疏遠多年，而這失和的局面是她的父母造成的，因為他們不贊成賈桂琳的婚姻，婚後也不給予適當的支持。賈桂琳是家中的獨生女，爸媽的刻意疏遠對她造成了相當大的打擊。親子關係破局後的幾個月，賈桂琳曾試著與父親再次溝通。她婉轉地表明，畢竟父母已經年老，大家應該趁還來得及的時候打破僵局、消弭隔閡。她的父親對此無動於衷，並且聲明，除非賈桂琳先解決她的婚姻問題，否則家人間不可能和解。父親的這番言論點燃了賈桂琳心中無比的憤怒。

雙方關係出現裂痕後四年，賈桂琳的姑姑捎來消息，她的父親先走一步，家人的和解確定無望。賈桂琳感到氣憤不已，這樣的反應很常見：子女尚未取得諒解、父母即撒手人寰。賈桂琳的身體招架不住，於是在得知父親死訊的幾小時後，累到打了個盹。在夢中，她看見父親的形象，因而震驚地醒來：

那不像是一般的夢境，而是有一張碩大的肖像照突然顯現在我眼前，就像電影螢幕那麼大。他的表情我很熟悉，在我小學六年級的時候，父子倆一起拍了家庭照，他也穿了同一套棕色的西裝外套。那張令我驚醒的照片，只有拍到他肩膀以上的位置。他望著正前方，好像在看著我，他背後映出一片很明亮的黃光，還有一圈淡淡的光芒，就像許多宗教圖片所描繪的光環或光圈一樣。

夢見這幅景象是很大的安慰，賈桂琳躺在沙發上淚流滿面，極力想要在腦海裡留住這個畫面，卻只能任由它如轉瞬即逝的夢境般煙消雲散。這個夢境為賈桂琳帶來了些許寬慰，父親的葬禮卻激起了她強烈的情緒反應，也更進一步突顯出她與原生家庭的裂痕。

賈桂琳的探訪夢安插於其他夢境中。在夢裡，她像一個觀察者，走過一條又一條的走廊，那景象讓她回想起中學時代，也傳遞出某種神聖莊嚴的氣氛，宛如身在聖地中。有些走廊殘破不堪、看來年久失修，有些走廊則一塵不染、完好如新。她在這些走廊間來回穿梭，熱切地想找到父親，也感覺他就在附近。

這應該是靈性意味很濃的夢境：一條條的走道代表著人生各個轉變期，而她目前所經歷的人生階段以往不曾經歷過、卻有重大意義。老舊的走道代表做過改變的時刻，而未曾走過的新走廊是賈桂琳邁向的新生命方向。

在這場夢的尾聲，做夢者顯然在化解自己的內心衝突，同時它也是探訪夢。在這最後的場景中，賈桂琳遠遠地看見父親，並跑向前去與他相擁。擁抱代表連結感；父女倆感動地抱著彼此，而她心中的平靜與安慰不斷擴大，也覺得自己被接住了。

在這情感交流的過程中，父女沒有任何交談，但是她感到安心與喜悅，也覺得彼此有在熱烈溝通。她父親在世時，並不是熱情活潑、情感豐沛的人。許許多多的做夢者在做了探訪夢後，醒來一眨眼，美夢稍縱即逝、親人便消失了。賈桂琳的感覺也是如此。

然後，夢境又回到單調乏味的橋段；一般夢境中狂亂、失控的畫面捲土重來，賈桂琳再次穿梭在一道道象徵她心靈狀態的走廊。夢境從探訪夢瞬間變成了反映心情的夢境，顯示出喪父給她帶來的龐大壓力。她在現實生活中遭遇的衝突都反映在夢中：她瘋狂地尋找父親、叫喊他的名字，但找到父親時，他的眼裡沒有女兒。她順著父親的目光望去，原來他凝神注視的對象是她母親，後者以敬拜的姿勢跪在一張桌子前面。

這段夢境的弦外之音很明顯：賈桂琳的父親在勸戒她盡釋前嫌，主動去找母親求和。這段夢境不是探訪夢，其主角也不是跨越生死之界的往生者靈魂，而是賈桂琳心中投射出的父親樣貌。她的憤怒感再度升起，繼續瘋狂地尋找父親，但卻再次見到跪地祈願的母親。雖然心中忿忿不平，賈桂琳最後卻沉默地跪在母親身邊，閉著眼睛、低垂著頭，呈現如祈禱般的姿勢，透露出和解的意味。而這正是親子間寬恕的開始。

鶼鰈情深

接著，我們來看看夫妻之間的探訪夢。

蘇珊與布魯斯結縭二十二年。布魯斯的一生過得很精彩，但身體的病痛卻層出不窮，最終他不敵病魔，於中年辭世。他的健康問題其來有自：他幼年時歷了一場糟糕的手術，造成嚴重的脊椎側彎。布魯斯的人生五光十色，甚至做過很多粗重的體力活。他成年後在劇場待了很久，從事過很多幕後的工作。他有幾年轉換跑道去擔任助人工作者，幫助患者戒除物質濫用問題。後來他還是再次回到真心熱愛的劇場，擔任舞台工作人員。

雖然身體上有許多限制，但布魯斯大多在從事勞力吃重的工作，畢竟劇場的幕後工作很耗費體力。他接觸過許多種不同的差事：電工、舞台換場人員、場景搭建人員以及燈光技師。在這麼多與舞台表演有關的工作中，他最傾心的位置還是舞者。他坦承，由於身體的限制，有許多工作他始終碰不到邊，如果身體健康的話，他最想從事的職業是舞者。

蘇珊與布魯斯相遇時，他正在擔任戒癮的助人工作者，但過了一陣子後，他便重拾最愛的劇場工作。隨著年紀增長，布魯斯的脊椎側彎不斷惡化，也不得不退出表演工作。他的消化系統及呼吸功能連帶受到影響，最終導致他在五十六歲那年去世。

蘇珊悲痛欲絕，他們攜手走過了一段很長的婚姻，是彼此最鍾愛的人，也不時有心電感應。連結之深、傷痛之劇，讓蘇珊頓時失去了心中所依。她最愛的人不在了，她感到無比的孤單，上天連她的照顧者身分都要奪走。因此，她失去了信仰，放棄了她原本的生活重心。

蘇珊在布魯斯去世後失去信仰，還有一個遠因。幾年前，他們養的第一隻貓跨越了彩虹橋，而當時懷抱著貓咪的蘇珊，經歷了一次意想不到的神祕體驗。那次經驗留給她非常鮮明的記憶，因此在布魯斯去世時，蘇珊很盼望能再次經歷類似的體驗。最終期望落空，蘇珊感到悵然若失；她被一股全然的孤獨感所包圍，陷入了深沉的悲傷中：

幾個月後，有天晚上，我做了一個簡短而逼真的夢。我看見布魯斯穿著全套的緊身舞衣，在緊鄰湖畔的舞台上準備就緒。他站得直挺挺的，即將開始表演；他露出了平和、安詳的表情。我就只有夢見這一幕，但是我知道，那表示他過得很好。

我非常喜歡這個故事。它符合探訪夢的特色：只有一個場景，而且往生者藉由非口語的方式來傳達平安的消息。布魯斯出現在蘇珊面前時，身體的狀態很好，不像他在世時那樣行動不便。由此可知，我們在脫離肉體、以精神型態存活後，會變得更加美好。

這個夢境對蘇珊造成了非常大的影響，因為它喚起了蘇珊的靈性感知，而她多年來已投注許多心力在靈修。布魯斯離開後，蘇珊一度喪失信念、面臨靈性上的危機，幸好這只是暫時的。這場夢境使她重新醒悟了過來，並有勇氣繼續追求更深刻的生命體驗。蘇珊說：「做了那場夢後，我更樂於聆聽直覺，及接納在人生道路上所接收到的神祕訊息。」

碰不到的戀人

在夢中來拜訪的，不一定只有過世的至親或伴侶。在我所收集到的故事中，有很多深具影響力及顛覆性的探訪夢，都涉及到沒有血緣關係的重要對象。受訪者芭芭拉跟我分享了發生在九〇年代初期的故事，那時還沒有網路與社群媒體，所以人們不必隨時隨地都沉浸在人際互動中。

芭芭拉在那段時期與二十年前的戀人重新取得了聯繫。他們常常寫信給彼此（這是某世代的人的專屬回憶）。芭芭拉和這名男子分隔兩地；她住在加拿大安大略省，他則是在美國新罕布夏州擔任中學教師。

有幾個月芭芭拉沒收到男方的回信，於是打電話到他任職的學校去。校方人員很遺憾地向她解釋，老師因為罹患腦血管瘤，不久前猝逝了，享年僅三十二歲。想當然耳，這個突如其來的噩耗讓芭芭拉感到震驚又痛心，情緒徹底崩潰。當時沒有手機、網路及社群媒體，因此她沒有管道可以查詢相關資訊。她無法得知事情發生的經過，也不了解他在罹患血管瘤之前的健康狀況。她無法處理這份悲傷，也沒有能力解開內心的疑惑。每當逝者離去，在世的人為了尋求慰藉，總會有一堆無解的問題。

芭芭拉深陷悲傷之中。有天清晨她做了個夢，場景是某個房間，這是探訪夢的標準架構。她感覺到房間裡有某種存在，於是在夢裡張開了眼睛；那位老師出現在她眼前，就站在她的床邊，打扮得跟他們在七〇年代交往時的風格一樣。她隱隱約約覺得，為了讓她更容易認出自己，老師才以那個年紀搭配那套裝束的模樣現身。

芭芭拉具體地描述了他的外型：背著背包、留著長髮、穿著他當年所偏愛的服裝。然後，一如探訪夢一貫的情節，他說：「我想要讓妳知道我沒事。我很抱歉，妳必須透過如此令人震驚的方式，才能得知我的死訊。我來看妳了。我過得很好，也很開心。」

直到今天，芭芭拉依然無法完全確定那是怎麼一回事。是夢嗎？還是他的靈魂來探望她？對此，我們永遠得不到正確的答案。事實上，非凡的夢境及故事還有很多，它們總能為做夢者的人生帶來徹底的改變。

求之不得的探訪夢

與凱莉結婚將近十六年的丈夫，在二〇一八年的秋天意外去世了。他們當時處於分居狀態：她說他很難相處，導致她這段婚姻走得跌跌撞撞。在他死後幾個月，受到滿月力量的影響，這位丈夫來到了凱莉的夢中。據她的說法，那像是親身與他面對面、而非一場夢。讀到現在，你應該已經分辨得出，這正是探訪夢的主要特徵之一。

在夢中，凱莉感覺到丈夫在身邊，感覺如同他在現實中站在她面前。丈夫將他那雙無形的手放在凱莉的肩上，全神貫注地對她說：「凱莉，我要回來了。要等我回來！妳明白嗎？我已經痊癒了，我要回來了。妳要等我回來！知道嗎？」他重複說著這些話，直到她終於回答：「好，我明白了。」這才消失無蹤。

此後，凱莉有時能察覺到丈夫透過其他方式在接近她，不過他再也不曾出現在她的夢裡。我跟凱莉都在等著他「回來」。那句話底是什麼意思呢？

對於做夢者而言，這種宛如真人回訪的體驗，究竟包含了什麼樣的謎團？到頭來，我們很難獲得十分肯定的答案，也不了解為什麼有些往者者會來探望自己在世間的至親至愛。

在我聽聞過許多探訪夢後，我唯一能肯定的就是：這種體驗是求不來的，也沒有方法可以得到。這麼多年來，許多痛失摯愛的人消沉地向我表示，往生者從不曾來到夢中與他們相會，令他們更加悲傷。

這的確不是我們能掌控的事。

有一種說法或許能派上用場，這是我在冥想時參透的訊息：往生的靈魂要解決某些事情，才會出現親人的探訪夢中。也就是說，只有遊蕩在人間的靈魂或是悲痛不已的親人有強烈需求時，探訪夢才會發生。

我無法探討如此深奧的謎團，但是我確實接觸過許多受苦的人；他們因為失去心愛的人而焦慮不安，並渴望藉由探訪夢來與逝者產生連結。對於這類夢境的神祕色彩，心理學家會輕描淡寫地說，這是人們應對悲傷的心理機制。然而，神祕主義者對世界的理解總是比科學家快一步。你無法證實死去的愛人確曾來過夢中探望你，但是當它真的發生時，卻會感到刻骨銘心，一輩子都忘不了。

第6章

夜驚：黑暗力量的光明面

歡迎進入驚悚刺激又複雜難解的夜驚世界。這種現象的本質極為神祕，並且與我們在入睡時發生的難解現象有所連結。

想要了解這些神祕的多維度體驗，必須先從大腦開始講起。首先，我們要概略說明大腦的功能，以及睡眠週期的複雜性，並將重點擺在進入REM睡眠後的驚人變化。

眼球在進入REM睡眠時會劇烈地左右擺動，因此這個階段才會被取名為快速動眼期（rapid eye movement）。雖然表面上看來只是單純的眼球運動，但大腦在此期間執行了一系列複雜的動作。我們在這一章要深入探討的現象，正是起自於在這段睡眠的高峰期，大腦、身體與意識產生連動。而這一切的作用都是從腦波的變化開始。

在一個睡眠週期中，大腦最常在REM睡眠產生鮮明的夢境，並形成短期記憶。除此之外，這時人體也會清除腦部每天累積的廢物。大腦與人體其他部位隔著血腦屏障，所以必須透過特定的機制來排走廢棄物。在REM睡眠期間，新額葉皮質（neofrontal cortex）會再次活化，而它在前四個睡眠階段並不活躍。大腦會以聰明的方式來保護我們不受這個腦部活動所干擾，所以在進入REM睡眠後，我們才會經歷神祕的夢境。接下來，就讓我們從睡眠階段開始講起，逐一剖析這段過程。

大腦的排毒過程

清醒的時候，大腦像一顆發亮的燈泡般，不但有充沛的能量，而且狀態不穩定又活躍。一天的生活展開後，有各種大小事要處理，身體從周邊環境接收到不同的訊息，包括人、事、物、空間及時間，而腦中的幾十億個神經元也在不停地傳遞資訊。一天後，身心耗盡力氣，為了恢復元氣，我們躺上床，臣服於睡眠所帶來的甜蜜死亡體驗。在入睡的過程中，若用儀器監測大腦的活性，即可發現腦波不再那麼混亂，大腦不再躍動，並逐漸變得和緩。此外，我們還會發現能量的波動不再分歧，而是合併為平緩的波形，並開始同步化。

前三個睡眠階段像是三個連續的階層，隨著你一層一層地往下穿越，腦波變化的速度會越來越慢，也越趨於同步化。

經過大約九十分鐘後，便會進入REM睡眠，從這裡開始，情況會變得有點混亂。

誘發身體癱瘓是第一個步驟，緊接在後的下一步是新額葉皮質受到活化，呈現如清醒狀態般的興奮。科學家對於人腦在REM期間的一切運作所知有限，但至少已經知道，在這一個階段，我們在白天的經歷會轉變為長期和短期記憶，那些無關緊要的資訊會被倒進潛意識的深淵。

想像一下，假如你能記得大腦每天記錄下來的每一件事，那會是什麼情況？光是那龐大的資訊量就足以壓得你喘不過氣。所以，人腦的功能真的很神奇。從量子的層面來看，在進入最後一個睡眠階段前，大腦會檢視當天所發出的脈衝訊號，並從這巨量的資訊中仔細篩揀出重要的訊息，再將它們加進心智對生活的認識與理解中。

夜驚的生理基礎

前面所提到的睡眠癱瘓現象，是為了保護我們而產生的，否則人體便會不斷回應腦部所呈現的資訊。它的運作原理是這樣的：

清醒時，大腦火力全開地運轉，好讓我們展開一天的生活，並控制身體來進行日常活動。入睡時，大腦會安靜下來，身心進入一種截然不同的狀態，也就是是所謂的睡眠。

進入極為重要的REM睡眠時，大腦會重新回到與清醒狀態下相同的運作模式。不過，人體自有方法可以避免連動；大腦會告訴身體，它不可以動、也不應該動。

假如我們恰好在這個過程中稍微醒轉過來，就會經歷到令人驚恐的過程，也就是夜驚。

大腦全速運轉時，身體會被暫時關機，除了眼球活動。大腦在檢視白天殘留的資訊畫面時，兩隻眼珠會在眼窩內快速轉動。若是缺少睡眠癱瘓的現象，或是這方面的機制不夠完善，大腦在檢視日間畫面時，便會驅使身體做相應的動作。因此，當事人便會在做夢時起身走動，也就是所謂的夢遊症。

儘管本章所欲闡述的重點不是夢遊，但介紹這個機制有助於闡明，意識、潛意識、清醒意識、睡眠意識以及身體之間界線非常薄弱，而且身體會盡力將不同層次的意識全都納於其中。

若是一切步驟如預期發生，大腦便可以順利完成這個程序。癱瘓現象會逐漸消退，睡眠週期會往前推進，再繼續朝向下一個循環。在這整套程序從頭開始前，意識會上升至接近清醒的程度。這樣的過程每晚平均會重複三至四次。

然而，這個過程未必總是能順利進行，有時睡眠階段會提前中止，當事人會稍微清醒、產生知覺，而意識起了一點變化。這種情況會發生在睡眠週期結束前，因此身體癱瘓的現象仍然在。當事人的確還在睡覺，但會意識到自己在做夢；有一絲微弱的意識正在窺視夢境，非常類似於在做清醒夢，只是當事人的身體依然動彈不得。嚴格講起來，睡眠週期還在進行，但腦中的訊號互相交錯混雜，引發了在睡覺及做夢時的神祕力量，這就是夜驚狀態。

由此可知，夜驚是半夢半醒間的現象。不過，雖然睡眠癱瘓與REM睡眠有直接關聯，但夜驚是發生在REM之後、意識清醒前。大腦與身體的調節失靈，所以當事人仍處於深層睡眠的狀態。任何一個睡眠週期結束後都有可能發生這個情況。做夢者仍然在沉睡，也會察覺到當前所經歷的夢境是發生這張床上。

事實上，很多時常經歷夜驚的人會訓練自己從這種狀態中醒來。請記住，夜驚是做夢的狀態，所以做夢者對於當下房間的認知比較夢幻，會跟在現實生活中不一樣。如果這種現象經常發生，做夢者一進入這種狀態，自然能馬上覺察出來。這時只要集中心神、努力動一下身體，就能擺脫癱瘓效應、恢復清醒狀態。當然，倘若做夢者沒有意識到這一點，那麼在半睡眠狀態下的癱瘓現象，便有可能令做夢者產生一股全然的恐懼。

這些狀態有一些高深莫測的名稱，像是：

入睡前幻覺（hypnagogic hallucinations）：睡眠階段的紊亂發生在睡眠週期剛要開始時。

清醒前幻覺（hypnopompic hallucinations）：紊亂發生在睡眠週期正要結束時。

對於經歷夜驚的做夢者來說，這些區別並不是那麼重要，因為無論它是在REM開始前或結束後被誘發，所造成的感受都一樣。不管如何，這種交錯混雜的狀態都會產生令人懼怕的感受。在某些人身上，這種情形的發生率有可能高到變成睡眠障礙症，因而受盡折磨。雖然可以尋求藥物治療的協助，然而當事人的生活及其日常表現已受到很大的影響。不過，除了這些少數的嚴重案例，夜驚是相當普遍的現象，絕大多數的人至少都有過一次相關經驗。

孩子們的黑暗夢境

夜驚比較常發生在兒童身上，長大後發生率便會逐漸下降。孩子們因此特別容易相信床底下和衣櫃裡藏著妖怪與怪獸。不過，兒童發生夜驚的機率比較高、又為什麼會在長大後逐漸減少，原因至今依然成謎。的確，兒童的腦部尚未完全發育成形，要長到八、九歲才有能力理解抽象概念和進行推理，才有辦法同時處理並存又對立的想法，例如：「我很害怕。我躺在床上不能動彈，但我已經醒了。我知道這只是夢而已。」

雖然感受與現實相矛盾，但成人可以憑藉著抽象思考來加以協調，以充分了解當下所面臨的情況。但年幼的孩子只會以為：「我做了一個恐怖的惡夢。」他們沒有辦法組織這些矛盾的想法，在畏懼的心理下，面對空蕩蕩的房間，便認為在床底下、衣櫃裡躲著看不見的可怕生物。

耶拉蒂從小學就會做惡夢，而夢境發生的地點就在她的房間。在熟睡中，她抬頭看見有個人站在她的房門前面。當然，「看見」只是一種說法，因為房間裡很暗，即使她看得見那個人的臉，也無法看清他的身體外觀；對方穿得一身黑，全身彷彿裹了一塊黑布，還戴了一頂黑帽子。

這很明顯是一場「黑影夢境」(shadow dream)，全身黑悠悠的幽靈象徵著每個人心裡的恐懼原型，而站在黑暗中的人影也是。榮格提過，所有人都有這個層面的自我，它反映出無生命力與缺乏喜悅的狀態，而那是構成人性不可或缺的要素。

有趣的是，在這場夢裡，額外出現了兩樣象徵黑暗的東西：帽子和衣服。帽子代表著黑暗思想，衣服則意味著被黑暗物質所包覆，並成為外在形象。這兩樣東西都可以褪去，所以在那重重黑影之下可能存在著光明的一面。

這場夢境的重點並非站在耶拉蒂房門前的不祥黑影，真正令人害怕的是身體不聽使喚的感受。在這些夢裡，耶拉蒂動彈不得，當她察覺到房門前站著可怕的生物或化身時，馬上聯想到這是對方的魔法。這類夢境在她讀中學時變得更加劇烈。她還注意到，只要在夢中感覺自己在墜落、耳邊傳來呼嘯聲，身體便會進入睡眠癱瘓的狀態。有趣的是，麻痺感和墜落感都與自我控制力有關。在夢裡不能活動意味著缺少行動力，向下墜落則是象徵失控，人類都懼怕這些情況，所以會加重夜驚所帶來的恐怖感受。

娜塔莎第一次經歷夜驚時，也還是個孩子。由於發作頻率太高，醫生只好施以藥物治療，以幫助她進入深層睡眠、少做夢，但是藥物引起的副作用還是不小，於是家人決定停止用藥。娜塔莎跟耶拉蒂一樣，會在夢中以為自己醒來了，並看見房間裡有黑影。這個夢境非常寫實且一再重現：人影站在角落，透過窗戶，娜塔莉看見外頭燃燒著熊熊大火、竄著濃煙；許多雙嬌小的手掌拍打著玻璃，一面尖叫、一面哭喊著求救。

在本書執筆之際，科斯蒂已經來到了五十歲出頭的年紀，但是仍清楚記得自己在七歲時的夜驚夢境。故事的開端也是從床上開始，由於屋子的格局，她能透過臥室的窗戶看見父母房間的床頭燈亮著。於是她死命地盯著那一絲微光，更害怕看到它熄滅，否則她就會被一片漆黑給包圍了。她躺在床上，呆滯地凝視著黑暗，感覺全世界只剩下她一人，就這樣度過了數小時。

科斯蒂一家住在偏遠的澳洲內陸，夜晚總是顯得特別漆黑，大自然發出的詭異天籟也總聽得一清二楚。從表面上看來，這段往事只是小女孩怕黑而已。但她提到，在夢中她感覺雙眼被撐開、全身無法移動、無法向人求助。「身體無法動彈」，這一點讓我們了解到，她不是因為怕黑，所以整晚都躺在床上醒著沒睡。事實上，她是經歷了夢境世界中最可怕的事情。

惡魔的文化根源

夜驚現象與某些千古流傳、深植人心的想法有關連。鬼怪是從複雜的夢境衍生而來的，所以全世界小孩都相信床底下或衣櫥裡躲藏恐怖怪物。魅魔（succutus）這個字是從拉丁文 succuba 以及 succubare 而來的，前者的意思是情婦，後者則是指「躺在下面」。

魅魔一詞在可回溯至十四世紀晚期，有大量證據顯示，這樣的魔鬼形象並非為猶太教與基督教世界所獨有。根據猶太教神祕主義，魅魔是原始的惡魔。亞當的第一任妻子莉莉絲（Lilith）不願意屈服於丈夫而永遠離開伊甸園，於是成為了魅魔。不過，後世人在編輯人類起源的故事時，卻刪除了與莉莉絲有關的環節，只談到上帝用亞當的肋骨來創造夏娃，以此描繪順服的女性形象。莉莉絲先是遭到放逐，而後又被形塑為性變態（sexual deviant）以及魅魔的始祖。

就連佛教也有提到這種魔鬼。但古代的大師向信眾允諾，只要誠心誦唸某篇法力強大的經文，魔鬼便無法在睡夢中吸取你的精力或與你交媾。在阿拉伯神話故事裡，與魅魔相似的女惡靈叫做「可琳娜」（qarinah，男惡靈為 qarin）。這種女妖代表邪靈，她會與男人同床，並在睡夢中用情慾的念頭侵入對方。

現代人對這些邪惡力量的想像，其實是源自於歐洲史上的黑暗時代。在這段時期，世人唯天主教會馬首是瞻，視迷信為毒蛇猛獸。掌權者對教育程度低下的群眾施行嚴格的教條，使他們產生恐懼與盲從的心理；教會將性事形塑為羞恥的行為，也不肯相信女性是強大的治癒者，能與古老的智慧有所連結。這些「女性惡魔」是教會創造出來的偏見，是為了控制人民的思想。

魅魔與夢魔（incubus，趁女人入睡時與其交合的男妖）的形象出現在各個文化傳統中，並穿越了好幾個歷史時期。這些迷思會代代相傳，跟宗教狂熱脫離不了關係，基督教會用令人生畏的意象來渲染性驅力與性解放的危險，以強化其教條與道德規範。不過，這些惡魔的形象普遍存在於不同的文化，無疑也與某些真實的身心現象有關。

不可思議的轉化體驗

我在二〇〇〇年初期遇見過一名年輕男子，他告訴我，他曾飽受夜驚的困擾，但後來情況有了徹底的改變。他的說法激起了我的好奇心，於是我們有了進一步的討論。

這名年輕人多年來都有夜驚的問題，而且也是始於幼年時期。很多孩子在長大後便擺脫這種問題，不過他就是例外的少數人。成年人的夜驚問題多半會持續很久，甚至引發睡眠障礙症。夜驚本身已令人十分困擾，而睡眠品質長期不好，更會造成種種問題。

雖然這位年輕人還沒有睡眠障礙，但夜驚發作的頻率之高，已變成他日常的作息之一。

一如所有的夜驚現象，這名年輕人會在睡眠狀態中稍微恢復意識，並穩定地進入REM階段。他能察覺到大腦造成的身體癱瘓。他知道自己是在做夢，也清楚感覺到自己正睡在床上。接著，他漸漸意識到身體無法動彈，於是夜驚造成了他的恐慌與驚懼。然而，這位年輕人在心裡生出了一股神祕又難以解釋的內在本能。他知道，假如這種現象出現時，他用心去體會當下的感受，便有可能加以扭轉。

這個年輕人令我印象深刻的是，對於這種睡眠狀態的原理與過程，他絲毫沒有概念。在沒有獲得外界資訊的情況下，他的內在力量居然覺醒了。在接下三個月，他不斷試著去改變這個體驗。

起先，當恐懼的意識升起時，他試著告訴自己放鬆一下。雖然他感到非常不安，但還是藉由意念鼓勵自己放鬆，並將心思專注於當下。練習幾週後，他就更能專心去感受此刻在房間裡所體會到的一切；即便他仍然無法活動身體，但還是擺脫了被拘束的恐懼。

幾個星期後，有個輪廓開始在他的想像世界中成形。這名年輕人非常清楚，他所感知到的是一個實際存在的能量體，擁有某種架構與型態，儘管在這個階段，它仍然只是一個存在於想像世界中的念頭。這不是日常生活中的奇思幻想。透過內在視野（inner vision），他清楚地知道，自己所看到以及身體感受到的不是假象；這個實體真的存在，還壓在他的胸口上。它的外型一團漆黑，非常地嚇人。不過來到這個階段，他已懂得集中心神並運用數週以來的練習成果來管理他的恐懼。

接下來發生的事情讓我開了眼界。在那之後，我持續不斷地深入思考，而本章的內容以及我對夜驚的想法，全都是源自於這位年輕人的自我探索。

再過幾個星期後，他的恐懼逐漸消失了。感覺到自己無法動彈或無法呼吸時，他還是會害怕，不過他已能以自在放鬆的態度去接受這種不安的感覺，也化解了在面對危險時所萌生的深層恐懼感。事實上，在那個當下，身體不能動並不危險，無法呼吸的感覺貌似煞有其事，但其實他能正常呼吸。

長期來看，透過近似於冥想的練習法，他釋放了層層的恐懼與不安，而他在半夢半醒間所看見的畫面也有所變化。

隨著日子一天天過去，他想像世界中的畫面漸漸變成了一片白光，化成了一股美妙的女性能量，與他在性方面產生了連結。起初短暫、模糊的感覺變成了極為完整的感官體驗，他說，那是一具美得令人無法置信的發光體，並帶有女性的特質。他在清晨時分自然的勃起反應，與這場深具情慾色彩的能量體驗交融在一起，產生了美好且令人滿足的感受。誰能料想得到，在這之前，它的前身竟是一股純粹的恐懼。幸好他願意全然地擁抱那份恐懼，才能打開心眼、超越眼前的幻象，進而領受到令他大感驚奇的多維度體驗。

我對這則故事嘖嘖稱奇，留下極為深刻的印象。

暗夜後的黎明

記得前面提過，那位從小患有夜驚的娜塔莎嗎？很多人從小都有類似的經驗，但在長大成人後便自動消失。娜塔莎跟前面的年輕人一樣，是少數的例外。她也與我分享了近幾年前的一場夜驚體驗：

我和伴侶在睡覺，但是我「醒了過來」。

我看見有東西穿過我們工作室的門，接著就往臥室而來。那是一個冒著白煙、輪廓高瘦的人形。我害怕極了，全身上下非常緊繃。我想叫醒另一半，但是我沒辦法動、也沒辦法講話。那個東西就這樣離我越來越近，它來到我的床旁邊，用一雙空洞的黑眼睛直盯著我看。

我還是動不了。它朝我伸出一隻細長得很詭異的手，把一根手指放在我的肚子上。我感到一陣難以忍受的劇痛，身體也總算有辦法動了。我尖叫一聲、從床上彈起來，伴侶被我吵醒了，那個東西就不見了。

這應該屬於特定類別的夢境體驗，但還是能加以分析。雖然身體癱瘓令娜塔莎感到有窮凶惡極的邪靈在靠近，但事實上，這應該是有高層次的意識在向她傳達訊息：她的肚子裡有東西在散發不好的能量。果然，當娜塔莎終於掙脫那介於半夢半醒間的癱瘓狀態時，才感覺到兩腿中央有點濕濕的，仔細一看才發現是在流血。她和伴侶去了一趟醫院，這才意外得知，原來她懷有身孕，而孩子已經流掉了。

發生這樣的事情，有些人會被這樣的夢境徹底嚇到不能自己，並且斷言是那股邪惡勢力引發流產。

然而，娜塔莎多年來常有深刻的靈性體驗。不管在現實生活或在夢裡，她都常與其他靈魂及靈體溝通。我在本章嘗試要說明的便是如此。我真的相信，夜驚所帶來的不安及恐懼是因為感受到身體癱瘓。以娜塔莎的經驗為例，若能破除這份不安，我們便能夠理解，那位來到她身邊、伸手指著她肚子的指導靈，很可能是娜塔莎自己的高等意識，而不是企圖前來終結新生命的黑暗力量。

第7章

捎來靈感與解答的夢境

我需要考慮一下（I'm going to sleep on it）這句無傷大雅的話所代表的意思，相當於「我明天再做決定」。這句含蓄的推託之辭，其字面上的涵義很簡單（先睡一覺再來煩惱），但確實涉及了更深層、更神祕的面向。夢中世界是奧祕之境，有助於我們解決問題與產生靈感。歷來有許多偉人都是透過夢境獲得指引，最終改變歷史的走向。

我還記得讀中學時，物理學老師在前幾堂課介紹了元素週期表。那時我已經對夢境產生濃厚的興趣，也會聆聽同學講述他們的夢，並嘗試憑直覺來加以分析。在當時，任何與夢境或解夢有關的話題，都會讓我豎起耳朵。

為防有些讀者對於元素週期表不太熟悉，簡單來說，它涵蓋了目前所有已知的元素，橫軸依照原子序的順序排列，縱軸則是作用性質相似的元素族。

在這些元素之間，有一種巧妙且迷人的自然秩序。出生於西伯利亞的化學家門得列夫發現這種特殊的架構，並對元素進行系統性的編排。他的發現轟動了全世界，徹底改變了人們對於各種元素的理解。

想當年，門得列夫全心全意地想設計一套分類系統，以對元素進行排序。理論上來說，他所做的夢跟一般人一樣，只是大腦在睡眠時運作的產物，包括組織與合併白天時占據他心思的構想、畫面以及資訊。

門得列夫描述過，他感覺得出這個架構的組成方式，卻找不到方法來具體向人傳達自己所領略的道理。他所做的夢跟一般人一樣，其核心與焦點，都是在白天時心中懷抱的堅定想法。每個人都會透過這種無意識的方法來解決問題。

不過，門得列夫有個特殊的夢境幫助他改變世界，並徹底扭轉了世人的觀點。他在做完這個夢的早晨，於日記裡寫下一段話：「我在夢裡看見了一個表格，所有的元素都恰如其分地被擺在適當的位置。我被這一幕給喚醒，立刻起身拿了張紙把它寫下來。」往後的事人盡皆知，我就不多加贅述了。有興趣的讀者可參閱科普作家瑪麗亞．波波娃（Maria Popova）的文章〈門德列夫如何在夢中發明了元素週期表〉（How Mendeleev Invented His Periodic Table in a Dream）。

勇敢跟隨夢境的指引：谷哥、滾石與愛迪生

夢境能解決問題，最近的例子是來自於矽谷。賴瑞．佩吉（Larry Page）這位電腦狂人正是在做夢狀態下發想出谷歌的藍圖。

時間回到九〇年代，當時身為研究生的佩吉很心虛，搞不好是校方人員的行政疏失，自己才僥倖進了史丹佛大學。雖然這個憂慮不大理性，但他無法放下。有天晚上，佩吉夢見自己從網路下載資料並儲存到電腦上。醒來後不久，佩吉馬上做了一些簡單的計算，雖然他在夢裡想達成的目標當時並不可行，但至少他能建立一個資料庫，讓使用者在上面搜尋各個網頁的連結。他在一場訪談中描述道：

> 我想花一點時間來聊聊夢想。以我個人的例子來說，那真的是一場夢。還在學校念書的時候，我老是在猜想，應該是因為文書作業上的疏失或輸入電腦的資料有誤，自己才能錄取史丹佛。我一直鑽牛角尖，很怕自己會被學校踢出去、趕回家……

因為有這份焦慮，我做了一場夢，因而帶來一個夢想。夢境有點怪異，內容大概是，「我可以把網路世界下載到隨處可見的小型電腦裡」。對於當時的人來說，這八成是無稽之談，但我卻在大半夜醒來後，開始挑燈夜戰，用數學算了好幾個小時。我發現，只要保留連結、不儲存任何網頁內容，這還蠻有可能辦到的。後來，我搞清楚該怎麼做了，不過相關程序需要相當龐大的資訊量，這項工程會花上好幾個禮拜。我把這個想法告訴指導老師，但他對此嗤之以鼻。

實際上，這項計畫花了一、兩年才完成，我們找到一種方法來決定網頁顯示的先後順序，卻沒有想到資料搜尋這一部分，反而是到了最後，才把搜尋引擎的概念納進來。剩下的事情大家都知道了，那就是谷歌的前身……所以，我要鼓勵每個人去追隨自己的夢境以及夢想。

這段演講大家可以在YouTube上找到，影片名稱為「谷哥的祕密：專訪賴瑞．佩吉」(Google's Secret——Larry Page Interview)。

很棒的建議，佩吉先生。事實上，早在一九六〇年代，滾石合唱團便以熱門金曲〈無法滿足〉（I Can't Get No Satisfaction）來告訴我們，人生有多麼艱難。這首歌遂成為了嬰兒潮世代的頌歌。

事實上，滾石的吉他手凱斯・李察（Keith Richards）也聽從了夢境的指引；那是一九六五年五月七日的上午。李察先生在清晨時分從夢中醒來，拿起錄音機，錄下這首歌開頭的旋律，然後馬上又倒頭睡了回去。那段旋律是那麼地美，那是來自於潛意識的禮物，而後他只是稍加修改，便成為他送給這個世界的禮物。

網路觀察家羅伊美爾（Brian Roemmele）在〈愛迪生提升創造力的祕訣：小睡一下〉（Thomas Edison's Secret Trick to Maximize His Creativity by Falling Asleep）中提到，發明家愛迪生有個出了名的怪癖，就是不喜歡睡覺。他每天晚上只睡四小時，其他時間都全心全意地投入在工作上。不過，愛迪生很喜歡偷空打盹，但不是為了閉目養神。每當他遇到難解的問題、思路卡關的時候，便會拿出兩顆球，一隻手握住一顆。只要休息時睡得太沉，其中一顆球必定會掉到地上，立刻將他喚醒。這種小睡比不上他每晚四小時的完整睡眠週期，但他的意識卻能在不知不覺間陷入半夢半醒中。

這種朦朧的意識狀態我們在前一章解釋過了；在進入入睡前狀態時，內在感知會變得極為豐富。愛迪生先生相信，如此小睡片刻，就能接觸到啟發靈感的意識空間，並接收到不同於日常層面的構想。

請求夢境的指引

雖說不是每個人都有辦法發現新的物理學定律，或是發明出能改變人類生活的偉大科技，但我們都有機會利用夢境來獲得解答。而且，我們不必被動地等待夢境降臨，靜候它捎來問題的解方。

在清醒狀態下，生活完全被表層意識所操控。只有在睡覺和做夢時，我們才能徹底地進入潛意識。它是構成人性的主要部分，包含人生所需的資訊，讓我們透過自我覺察來鞭策自己，進而過有意義的人生。因此，探索夢境的強大技巧之一，便是由當事人主動詢問潛意識，針對目前所面臨的挑戰，請求夢境給予答案。

與夢境交涉的方法很多，我固定採用的是「向夢請願」：在清醒時提出具體的問題，再請帶來指引、智慧或訊息。

榮格針對夢境發表過諸多看法。他在〈解夢的實際用途〉（The Practical Use of Dream-Analysis）中寫道：

> 夢境中有幻象、幻想、記憶、計畫、期望、無法逃避的真相、哲學箴言、荒謬的感受甚至是未來的景象——天知道還有什麼！

在日常生活能獲得的體驗中，意識是最明白可掌握的面向，但潛意識才是構成自我的要件。因此，只要能解讀日常生活中出現的潛意識素材，便能有效地展開自我探索、進而獲得成長。換句話說，想要認識全部的自我、理解自己某些行動的背後原因，就必須與「無法直接碰觸到的自己」建立關係。

我天生對夢境就特別敏感，從青少年時期就開始學習解夢。到了二十出頭時，我更加潛心學習各種探索夢境的方法，也接觸到向夢請願的技巧。當時我參加了一個工作坊並學到這套流程，從此它便成為我的靈性工具。每當我遇到對於自我實現與自我探索有興趣的夥伴時，也會採用這個技巧。它能很有效地幫助你與潛意識溝通，讓你在日常生活中做出更理想的決定。

不過，夢境給予回應方式往往不是非常明確，因此要妥善運用這項工具來串聯起意識與潛意識的小橋，就要先相信潛意識握有主控權。不過，我們不完全搞懂何謂潛意識，那實際上也是辦不到的，這個問題沒有一勞永逸的答案。我們這輩子所能嘗試的，就是學著去解讀在日常生活中所看見的潛意識線索與跡象。

隨著歲月的流逝，我們會變老，也會變得更有智慧。自我實現的程度越高，就越能明白，過往的行為以及生命發生的大小事，其實是直接來自於潛意識層面的投射。只要能即時察覺到內心的衝突、否定、恐懼以及退縮，便更能去面對心裡的惡魔。此外，你還能明白這一個瞬間要傳達的課題，並且在雨過天晴後獲得強大的自我覺察。

寫信給夢境中的高我

我要分享的個人經驗發生十年前，是一段漫長禁慾期的尾聲。當時的我沒有約會或交往的對象，已經超過六年不曾與任何人有過性關係。我感覺差不多可以開始向外尋覓、探索與他人的親密關係，於是我打開心扉，重新開始與人約會。那一年我五十歲，也已清楚地知道，童年時期與父母親的關係，深深影響了我與歷任男友的交往情形。

其實，人際關係就是這麼一回事，當你有意識地把生活過好，自然就能吸引到合適的人，他們會設法幫助你面對固有的情緒問題，並透過親密的互動來療癒你的童年創傷。有時候，這些慣有的情緒問題還是會殘存，所以我們會需要潛意識來給予一點提醒，以留意它們在哪些特定時刻會竄出頭來。

在那段時期，我跟一位男士接連約會了好幾個月。受到好奇心與愛慕情愫的驅使，一開始我相當投入，但要不了多久，我便隱隱約約察覺到情況有點不對勁，於是產生了不安與矛盾的心情。但與此同時，來電的感覺卻是如此美好，畢竟在經過這麼長的空窗期後，我也很期待能展開戀愛關係。

最後，兩人的衝突開始出現，我的矛盾心情不斷升高。我決定藉由夢境來探索問題，向它請願以尋求一些指引。在意識層面，我很清楚自己對於這段關係的想法，但是我得知道潛意識的看法。

在這天晚上，我採取了一些作法。首先，我比平常入睡前更慎重地調整了身心靈的能量。我們在第六章有提到睡眠週期的身心運作程序。因此，假如你在睡前接收、瀏覽太多畫面，大腦就得在做夢狀態下處理所有的殘餘影像。因此，睡前幾小時吸收到的資訊越少，大腦在睡夢間的篩檢工作就越輕鬆。如此一來，潛意識就能更直接、充分、有效地表達心聲。

接下來是要設定意圖與方向。我實行這套方法已有三十餘年，已知道要如何自動進入這種跨越意識的狀態。當我想要夢境提供答案時，只要向它提出請求就好了。在熄燈後、入睡前，當我進入意識朦朧的狀態時，會召喚夢境來找出靈感，以解決目前所遭遇到的困難。

經過三十年的練習，我對這套方法已駕輕就熟了。倘若你才剛開始練習，那麼先試著有條有理地、系統性地設立意圖，效果才會好。而最具體的方法，就是把它寫下來。

你可以寫信給自己的高我。有些人喜歡把這高層的意識稱為「夢境自我」。你也可以使用你覺得喜歡、合適的名稱來稱呼多維度世界的精神體，例如神靈、聖靈或是上帝。在採用這套方法時，我會這麼寫：

給親愛的夢境自我：

和艾力克斯約會後，我的感覺有點舉棋不定。請透過夢境說明目前的情況，以及你和潛意識的想法。不管你的指示為何，我都會接受，也相信那會是最好的結果。

這段例文不是範本，因為這套流程沒有所謂的標準方法。重點在於你的意圖。對很多人來說，把欲望和需求寫下來，才能更具體地感覺它們的存在。因此，用信件來呈現意圖，你應該前進的方向也會更明確。高我廣大浩瀚、海納百川，構思你的請求並寫信給它，潛意識才知道要將這份訊息投遞到何處。這封信所挾帶的力量將會引導你的意圖朝正確方向前進。

以下是那天晚上我所夢見的內容：

我在參加某種活動，感覺像是慶祝會，現場高朋滿座，美酒佳餚一應俱全，還有很多朋友圍繞著我。這應該是我和伴侶的某個紀念日。看來我在夢裡已經結婚了。

這場夢的第一幕：我和與會來賓們聚在一起，我的伴侶則在另一個房間。我感到有些諷刺，因為這場聚會是為了我們兩個人而舉辦的，但我內心很清楚，這段關係已然告吹。我想要離開這段關係，也決定好要跟對方道別。

重點是，只有我知道自己心裡在盤算什麼。我的伴侶及在座嘉賓都毫不知情。我強顏歡笑、決心要分手。除此之外，我也看到伴侶在這場活動上表現得很糟糕，這更加深了我的不滿。

過一會兒之後，伴侶走進主廳來找我。驚人的是，那人竟然是我父親。不用說，這一幕讓我瞠目結舌，但又覺得挺搞笑的。

的確，這段關係就跟我以往所談過的戀愛一模一樣。不管一開始有多愛慕和癡迷，最終都沒能發展成令我滿意的親密關係，因為它們都是源自於往日的傷痛。只是如今，我已經成長、成熟到可以擺脫這種模式了。於是我在幾天後便切斷了那段關係。

實行這套方法的挑戰在於，無論如何，都要相信你所得到的答案。不管是以上這則故事，或是我將於後續分享的其他故事，都可以說明，請願後所產生的夢境都挾帶了潛意識的訊息。答案有時很有趣，但它所呈現的實情偶爾也會叫人心慌。不過，既然這是極端神祕的潛意識領域，所以與之相關的夢境不會給出直截了當的回應。

有時，你希望能獲得指引，隔天早上醒來卻沒有做過夢的印象。因此，一定要對潛意識保有信心，更要相信它給你的答案，不管那是否完美。

要全然相信這套方法並不容易，哪怕本章已介紹這麼多的範例。請記住，潛意識一直不斷地在與表層意識對話，在你每天晚上睡著、進入夢鄉的時候。所以，記下在你明確請願後所做的夢，並反覆琢磨其內容，就能激起潛意識與意識的交流。從此以後，不管在白天的生活以及未來的夢境中，都有可能接獲更多的指引。要保持信心，有時不管你如何請求潛意識提供答案，起床後還是會腦袋一片空白。

案例分享——蘿瑞塔的分手之旅

在我蒐集的故事中，許多人會想要向夢請願，多半是因為人際關係出現衝突。相較於其他的煩惱，大家都想從夢境中找到線索來化解情感上的危機。

加拿大的蘿瑞塔分享了她向夢請願的故事。她跟丈夫婚前還在交往時，有次前往英格蘭的格拉斯頓伯里（Glastonbury）旅行。當時蘿瑞塔和丈夫正處於交往初期的磨合階段，對於未來的發展還有諸多疑問。男方接受了一份遠在美國的工作，蘿瑞塔也打算搬回父母家。

事實上，雙方針對這段關係進行了多次溝通，也決定分開一陣子，好好地給彼此一點時間去思考。因此蘿瑞塔起心動念，找到了這個有名的能量景點，讓兩人在分開前來趟靈性之旅。

旅行期間，蘿瑞塔有天晚上明確地向高我禱告並請求指引，以得知自己真正想要的是什麼。她相信夢會給她答案，結果也沒有讓她失望。

她夢見自己經歷一場可怕的意外，丈夫被人從失事車輛的殘骸中拖出來，身上流了很多血、傷勢非常嚴重。他被救護人員抬上推床，她的恐懼和悲傷排山倒海而來。她握著他的手，情緒激動地喊道：「不要離開我！我就在這裡。我好愛好愛你。」蘿瑞塔哭著醒了過來，夢境醞釀出的情緒一路蔓延到了中午。以下是她對這場夢境以及後續發展的描述：

我哭著醒來。在醒過來的當下，我就知道自己不想要結束、想要繼續這段關係。很感謝高我的提醒，我真的很想要繼續跟他走下去。但我很清楚，我必須為此付出更多努力。

我打開手機，看到他在睡前傳了一些訊息給我，頓時感覺到一陣濃烈的愛意。那天稍晚，我去買了一張明信片，並寫下了愛的告白。如今九年過去了，我們還在一起。

那次旅行的五周年紀念時，他陪我重新造訪格拉斯頓伯里。我們計畫明年還要再去一次，好在十年後重遊舊地。那場夢給我的感覺強烈又栩栩如生。不過除此之外，我就不曾做過其他類似的夢。

案例分享——琳恩的書店人生

琳恩很喜歡自己在書店的工作，無奈的是，在全球新冠疫情爆發後，許多商家被迫關門，琳恩也不得不辭去這份工作。一段時間過後，書店來訊請琳恩重返原來的工作崗位。然而，琳恩卻對於回歸零售業有些顧慮，希望藉由夢境來做出明智決定。以下是琳恩對這場夢境的描述：

我夢到我回書店工作了，然後他們要為店裡「最酷」的員工舉辦派對。我知道自己不特別，但畢竟我是老員工了，當年我剛入職的時候，現在的員工根本都還沒出生呢！果然，「資深」的我受邀參加了派對。

走進現場後，我卻沒看見任何熟悉的面孔，整體環境還瀰漫出一種氛圍，好像大家都「喝茫」了。我像個旁觀者一樣地感到好奇，納悶在派對後方的暗室裡在上演著什麼精彩好戲。我只知道，只有最酷的人才能受邀進入那個小房間，而我覺得自己夠格過去瞧一眼。

進到這個資格限定的密室後，我看見一個超酷的傢伙。他的年紀大概是三十五、六歲，我以前只會遠遠地看著他。他身邊有一些人，表情看起來都很痛苦，甚至是在嘔吐。原來他在逼他們吃他的大便！

我嚇呆了！這幅景象實在是太令人作嘔了！我內心千頭萬緒，暗自想著：「我最好趕快離開這裡！」原來待在密室裡的那些人都很痛苦，卻又甘願忍受這種屈辱。我離開了派對，然後就醒來了。

琳恩說她醒來之後，十分確定自己在那間書店的生涯已經正式結束，接下來應該要往更好的地方去。在那之後的幾個月，她偶爾還會注意那間書店開出的職缺，但是只要回憶起夢裡的屎臭味，她就會忍不住大笑，並且再次折服於夢境自我的智慧。

案例分享——珍妮佛與甘迺迪總統

在接下來的例子中，我們要看看，有個放不下心的母親，如何從夢境獲得強大的指引，去面對女兒獨立自主的決定。不過在這則故事裡，夢境並沒有直接給出答案。

這位做夢者向夢境請願，也得到了線索，並依此做了明確的決定。乍看之下，讀者會誤以為這件事情會有好結果。然而，隨著故事的發展，我們會發現，夢境提供了看似正面的答案，其實是為了讓母親有機會陪著女兒一起面對難題：女兒即將鑄成大錯，並需要得到母親的支持與陪伴。

六十歲的珍妮佛膝下育有六名子女。多年來，她一直對夢中世界有高度的興趣，也很樂於接受從夢境得到的見解。她有一個女兒在麻省理工學院畢業後前往特拉維夫實習。工作合約結束後，她前往約旦度假，並認識了一個在當地擔任導遊的貝都因人。

兩人旋即展開了一場轟轟烈烈的戀愛。年輕女孩瘋狂地墜入愛河，前前後後去了約旦十一次，並決定要嫁給這個男人。這段交往的過程家人並不知情，珍妮佛也吃驚地發現，女兒不只是想要嫁給這個男人，還花了大錢資助男方的事業，甚至還自掏腰包買他的產品。

不用說，這聽起來危機重重。有股強烈的直覺告訴珍妮佛，女兒惹上了麻煩了。但是，因為她無法全心支持孩子所做的重大決定，所以萌生了不小的罪惡感。當晚就寢時，她向夢境自我提問：「陪女兒去一趟約旦會對事情有幫助嗎？」那天晚上，她便夢見了以下的夢境：

我在一所遊客資訊中心，並看著掛在牆上的地圖，而上頭畫的是我住的社區。接著，甘迺迪總統走了進來。他一身觀光客的打扮：身穿短褲，還套了一件休閒襯衫。他用一根老師上課會用的老式藤條，指著牆上的地圖說：「去那兒吧。」當我看向牆面時，它已變成了一幅世界地圖。

珍妮佛覺得夢境給她的回應相當明確，當天早上，她便打電話請女兒安排行程、訂機票。指示很清楚：這趟旅行迫在眉睫。珍妮佛決定順從指示而行動。隨著故事的發展，你會發現，甘迺迪總統的出現非常耐人尋味，值得好好探究一番。

珍妮佛在抵達約旦後，馬上看出這個男人不只是控制狂，還有語言暴力的問題。這些症狀沒發作的期間，他看來又極有魅力。由此可知，他應該是典型的自戀型人格。巧合的是，因為文件沒有備齊、申辦程序又出錯，女兒的婚禮必須延期舉行。就在這兩週的等待期間，男人漸漸露出了狐狸尾巴，連珍妮佛的女兒不再被愛意所矇騙，進而看清他的真面目。此外，也有第三方人士證實，這名男子以前就詐騙過女性的錢財。種種跡象顯示，這段關係將會以悲劇收場。

因為有母親在場，女兒才有機會從客觀的角度來看待事情。經過兩個星期的冷靜期後，這段跨國婚姻的幻想破滅，母女二人平安無事地返回了美國。不過，甘迺迪總統出現在夢裡，則有更深一層的意境。

甘迺迪總統給人英勇無懼的形象，但骨子裡也有黑暗的一面。他違背婚姻的誓詞、對妻子不忠誠，證明他那英雄般的性格是有缺陷的。不過也要有像這樣令珍妮佛崇拜、信任的大人物，才能激勵她起身行動。問題在於，甘迺迪總統的出現也隱然象徵著伴侶間的虐待關係。但終究要過一段時間，當事人處於清晰的觀察位置，才能解讀這層微妙的關係。

案例分享——南西的送別之旅

南西和盧安是很好的朋友，感情好到跟親姊妹一樣；兩人不僅志趣相投，還願意彼此扶持。她們之間有很多共通點，也很喜歡跟彼此分享心事，包括好事、壞事和醜陋不堪的事。從她倆還在亞利桑那州生活時，這段友誼就開始萌芽、茁壯。

但是，人生的發展與變化使得兩人各自走向了不同的道路。南西搬到紐澤西州生活，她的摯友盧安則是在俄亥俄州照顧媽媽。她們藉由頻繁的通話來維繫友誼，而在盧安罹患肺癌之後，交談的頻率更是有增無減。

彷彿命中註定一般，南西在某個週末打了好幾通電話，盧安都沒接。南西致電給盧安的女兒，才知道發生了什麼事。這位個性內斂又堅強的女兒在電話另一頭情緒崩潰地說，盧安住院了，醫生宣布她只剩下一週可活，該開始安排身後事了。

南西原先有排定行程要去探望盧安，但離約定的日期還很久。盧安的女兒感傷地表示：「如果妳想在我媽還活著的時候見到她，請趕快過來。」事發突然，要臨時地向公司請假，可能會引發其他複雜的問題。於是，南西委婉地告訴盧安的女兒，她需要時間考慮一下。但她心裡想的是，她準備請求夢境的指引。

那天晚上，南西上床睡覺時，便請求上帝在夢裡給她指示，以得知是否該立即前往俄亥俄州。值得注意的是，南西自有一套提出請求的方法。前面我介紹過其他較有系統性的具體步驟，但是對南西來說，直接向上帝提出請求就能獲得指引。

這就是關鍵，無論你在書上裡讀到哪些概念和方法，以你覺得自然的方式來表達意圖，會更有效果。就南西而言，直接向上帝開口就能觸發潛意識做出回應；這個做法很完美，不必改弦易轍。想當然耳，上帝也慈祥地回應了她的請求。

在夢裡，有個年輕的女人朝著南西走過來，原來是盧安的女兒。這名年輕女子停下腳步後，雙眼直視著南西，重複了一遍稍早在電話裡講的那句話：「如果妳想在我媽還活著的時候見到她，請趕快過來。」這句語重心長的話在夢中聽起來更加莊重及嚴肅。受到夢境的驅使，儘管新來的上司不好惹，南西還是毅然決然地請了假，從紐澤西州開車去俄亥俄州，騰出一整天的時間來陪伴她最好的朋友。

盧安於隔日病逝，在家人與閨密的圍繞下，告別了這個世界。多虧有那場夢，也幸虧南西看重夢境所蘊藏的真知灼見，她才有機會好好地向摯友道別。

案例分享——工作與搬家的抉擇

接下來，我要介紹的有趣故事，主角是熱衷於探索夢境的女強人艾波；她在面臨工作與職涯的艱難抉擇時，反覆出現同一個夢境。五十多歲的她待在以男性為尊的行業裡，長年擔任管理職務，經常必須忍受男性同仁的輕蔑與反抗。雖然她很想離職，卻一直猶豫不決，她擔心冒險辭職後，就找不到跟這份工作一樣好的待遇了。

艾波擁有紮實的靈修基礎，與夢中世界保有良好的聯繫，於是她請求高靈的指引。

她一啟動這套流程，便做了一個夢，而且在她苦思躊躇的期間，這個夢總是不斷地重複出現。夢中的情節非常真實，涵蓋了與這份工作有關的所有人，每個人所扮演的角色也與現實生活完全一致，包括那些講話有份量的同仁。在每次夢境中，眾人都會上演某種團體角力賽，並在精心算計下讓艾波陷入險境，進而被剝奪領導地位。

這個夢境每次出現的情節都一樣，而且結尾都有人壯烈犧牲，只是對象都不一樣。夢境所欲傳達的訊息越來越明顯。被現實的難題以及夢境訊息夾擊了幾個月後，艾波終於看清了事情的真相。她辭掉了工作，跨越了好幾個州，搬到新的地方去，開啟了人生的下一個篇章。

果不其然，她一離職，那個夢境便再也沒有出現過了。

受訪者蘿拉也是向夢請願，但這個夢境也涉及到探訪夢。蘿拉一直很想找到一個住處，好在人生的下個階段有家的歸屬感。她老是感受不太到安定感，因此想要找到一個應許之地來實現這個願望。蘿拉的丈夫十年前已經過世了，但蘿拉把他當成心靈導師，也在夢中請求他的指導，而這位已過世的伴侶也真的現身了。

蘿拉始終找不到符合內心期望的搬家地點，於是決定到夢中世界找出指引。在隨後的夢境中，她和丈夫在一起，子女們也都變回了小時候的模樣；她回到了全家朝氣蓬勃的年代。孩子們在一旁玩耍，她與丈夫在餐桌上討論現有的遷居選項。他們挑了好幾個地點、分析了每一處的優劣利弊，但是最主要的關鍵在於，丈夫在軍隊的工作，必須考量他的駐地。

兩人的討論停頓了一會兒後，丈夫宣布要舉家搬到南卡羅萊納州住。蘿拉覺得很有意思，因為這個地點壓根兒就不在她原先所考慮的範圍內，而且那裡沒有軍事基地，丈夫在現實生活中也不可能選擇它。

在後半段的夢裡，他開始談論住在南卡羅萊納州西部山區的好處，並列舉各項優點，強調蘿拉一定會喜歡在那裡生活。蘿拉睡醒後，十分確定自己應該搬到南卡羅萊納州去。她在做功課、查資料後，發現那裡不只氣候宜人、地勢優美，文化也很豐富。蘿拉對這個決定抱有堅定的信心，並開始尋找適合的房子，以展開人生的新篇章。

案例分享——山姆的力量動物

山姆要煩惱的問題跟現實生活比較無關，而是跟欲望和意圖比較有關。山姆經常透過夢境來增進自己的直覺力與神祕連結。他告訴我，自己和夢中世界的關係「一直在進化與成長」。他有過靈魂出竅的經驗，還曾與好友一起練習做共享夢。有一次，他們兩個人都夢到了一個游泳池，不過當下兩人並不曉得對方是各自睡在自己的沙發上，而做了同樣的夢。

從這些經驗可看出，山姆相當熱衷於探索夢境，也能輕易地透過它們來拓展自己的心靈。

山姆說，自己在二〇一七年經歷過一段迷失的時期，後來又重新回到了靈性路途上。他說：「動物帶給我很大很大的啟發，所以我身上也有不少動物圖案的刺青。」他對動物的愛以及發展迅速的靈性，帶領他繼續踏上探索的道路。

在這段覺醒的過程將進入尾聲時，他偶然看到一本書，作者要教導大家如何與力量動物（power animals）的世界建立連結；力量動物是動物型態的指導靈，具有保護、指引及療癒的能力。

而要接觸這種神聖力量、吸收祂們的能量，最好的方法便是做夢。方法很簡單，如同大多數探索夢境的方式，也是以意圖為基礎。山姆學到的步驟很單純，就是在思緒快要飄進夢鄉前（能量與想像力即將開啟），運用他僅存的注意力來反覆誦念咒語「請讓我見到我的力量動物」，直到睡著為止。

一般來說，這項技巧不會立即產生效果，但是山姆在連續第三個晚上後，竟然獲得了豐厚的報償：

那天晚上，我睡得不太好。接著，我在半夢半醒間看到了不只一種、而是四種動物的模樣。第一種動物看起來像熊，第二種是狼，第三種是貓頭鷹，第四種則是獨角獸——沒錯，就是那種奇幻生物。牠們的外型閃亮亮，像是用金黃色的線條勾勒出來，而且在我的眼前到處移動。牠們出現的時間不長，但我早上睡醒後都還很清楚記得牠們的樣子。

山姆分別從這幾種動物的身上汲取了優秀的特質：

這四種美麗的動物是要幫助我什麼？又要教導我什麼呢？

- 熊讓我保持腳踏實地的態度，幫助我和大地母親建立連結。
- 狼提醒我要保有自信，敞開心胸地去愛。
- 貓頭鷹教導我，我自身已擁有我所需要的智慧；祂也能幫助我看穿黑暗、看見光明。
- 獨角獸引導我和高靈一同去創造生命，並提醒我，所有的生命都是一體的。

說真的，在山姆與我分享的故事當中，我最想向各位讀者傳達的是下面這句話。他寫道：「既然我都能連結到自己的力量動物，那麼每個人也一定都可以做到。」一點也沒錯！

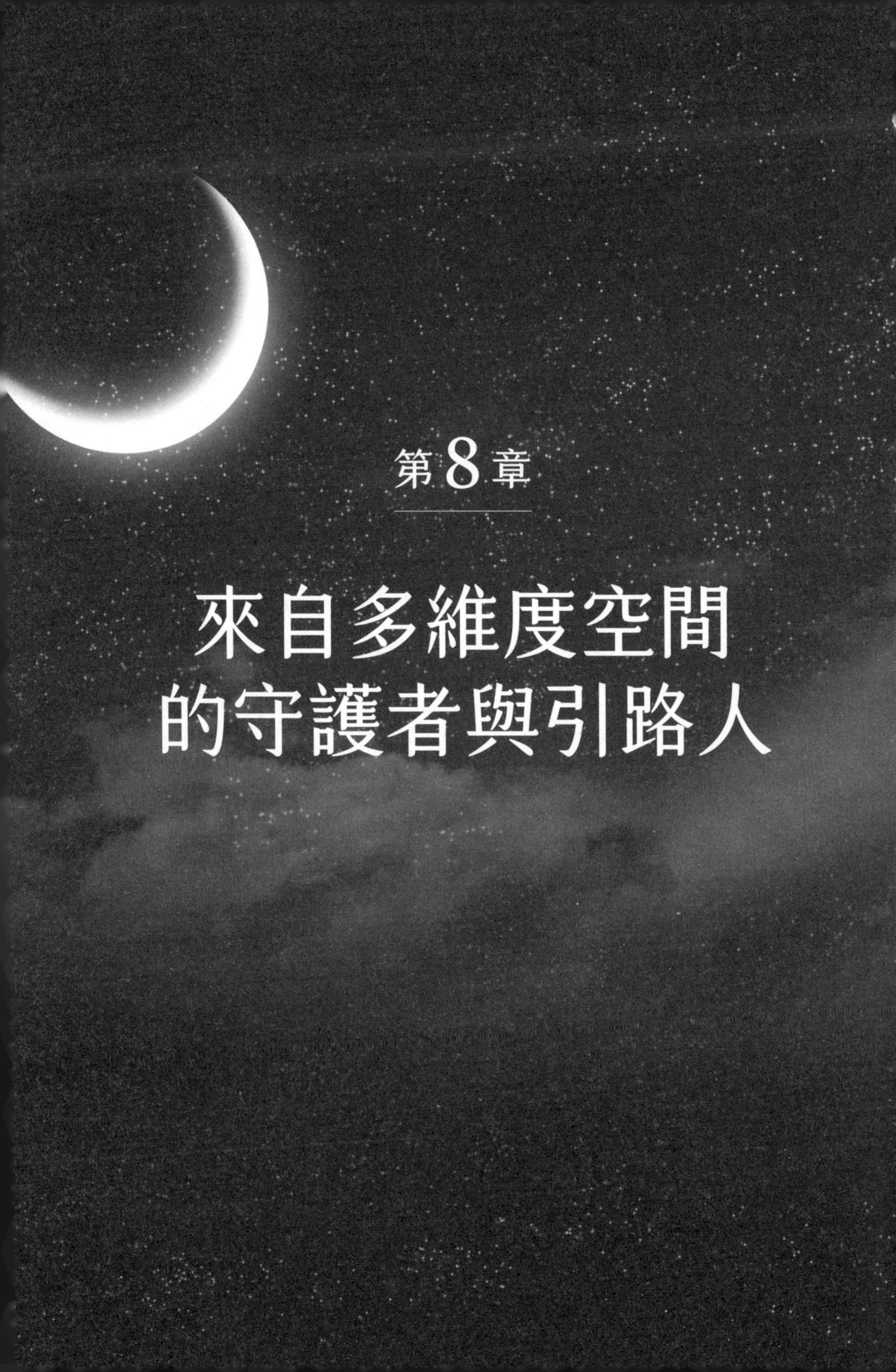

第8章

來自多維度空間的守護者與引路人

除了前面幾章所介紹過的特殊夢境外，還有一些夢境結構特異、自成一格。這些放大及增強感官體驗的夢境，能使人連結到神祕的精神及能量世界，不得等閒視之。那麼，在開始探討本章的內容前，我們不妨先就能量、頭腦，以及靈性體驗來進行一些討論。

人體與脈輪

有種普遍觀念認為，人體內存在著多個能量中心，也就是脈輪。人體主要有七大脈輪，從上到下排成一直線：

- 海底輪在脊椎的底部。
- 往上數的第二個是與生殖器官有關的本我輪。
- 再往上是太陽神經叢（臍輪）。我們小時候經由肚臍而獲得滋養，本能反應也源自於此。
- 位於中央的是心輪，主要掌管的是愛。

- 排在第五的喉輪，主要掌管的是溝通。
- 第六脈輪是眉心輪（或稱三眼輪），這是靈性上最重要的脈輪，因為直覺力坐落於此，也是負責接收神聖指引。
- 最上方的第七脈輪是頂輪，負責接收上天為我們澆灌的神聖能量。

每個能量中心都與特定的人體功能相對應。海底輪直接對應到的是大腸的消化功能；生殖腺則賦予了本我輪的改造力與創造力；心輪位於胸腔中央，對應到的是負責免疫功能的胸腺。

基於本書所欲探討的重點，我們需多加留意的是三眼輪，它位在額頭的中心點，就在兩隻眼睛的上方。它對應的結構是松果腺，而世人對於這個腦部構造有些許的誤解。它不只在做夢過程中扮演至關重要的角色，還能喚醒意識、與神聖世界建立連結。

松果腺的主要功能是製造褪黑激素，也就是能助眠的荷爾蒙。每天晚上到了一定的時間，松果腺便會提高這種化學物質的劑量，使我們產生睡意。

不過，這個機制實際上複雜很多。松果腺也有感知光線的能力，因此在日照減少時，它才會啟動這個反應機制。松果腺知道睡眠時間已近，便會漸漸製造褪黑激素。因此在睡前幾小時，我們應該減少使用3C產品的時間，因為螢幕所散發的光線會使松果腺搞不清楚睡覺時間是否到了。

另一方面，大腦製造的褪黑激素含量也與人體的發育階段有關。對青少年來說，分泌褪黑激素的高峰期在深夜，所以他們習慣晚睡、熬夜，甚至是晚起。成年人分泌的褪黑激素會隨年紀增長而減少，而睡眠時間也會越來越短。

由此可知，睡眠情況受到晝夜節律的影響，而後者又受到季節轉換及光照變化的影響。當前討論的是晝夜節律與睡眠週期的關係，所以我們必須進一步來探討松果腺最不為人知的祕密：二甲基色胺（dimethyltryptamine，以下簡稱DMT，編註：它在台灣是列管的二級毒品，請勿以身試法）。

二甲基色胺存在於許多動植物的體內，也包括人類。人體內的DMT是由松果腺製造的，但它也存在於人體的其他地方，包括腦脊髓液。在植物的世界裡，DMT也是主要的組織成分；南美洲原住民在宗教儀式與生活中所享用的某些茶飲，就是由含有高濃度DMT的藤本植物和綠色植物沖泡而成。

以死藤水為例，它就是以藤蔓、灌木等植物混合泡製而成的飲料。亞馬遜流域的原住民在舉行傳統儀式時，便會飲用這種飲料。如今，這種迷幻藥水也廣泛流傳至世界各地，是最普遍、最為人知所的DMT萃取物。不過它在許多國家都是非法的禁藥。

事實上，有些違法的毒販還會以蟾蜍的毒液做為原料，製造出功效強大的DMT。無論透過何種方式攝入DMT，都會產生強烈的迷幻感與極樂感，讓人脫離現實，以為自己與神聖世界建立起深刻的連結。

有些喝過死藤水的人說，它會帶來神祕的體驗與靈性的啟發，進而明白自己來到地球的使命以及整個宇宙的真相。他們還宣稱，這對自我成長很有助益。還有科學家發現，死藤水具有深層的療癒功效，有助於緩解憂鬱症或心理創傷。

對於許多人來說，吸食迷幻藥物是通往靈性覺醒的方法。但我覺得，與其嘗試這些有風險且可能違法的手段，不如好好睡一覺。

神奇的是，人類的腦部結構有自然的入眠機制，意識也在這些狀態下全面延展。松果腺在REM睡眠期間製造出DMT，這樣的腦部化學程序，正是為了讓我們獲得這種體驗。而存在於人體內極少量的DMT，可能是促成奇幻夢境的關鍵要素。

成功又迷惘的三十三歲

我過完三十四歲生日的幾天後，我經歷了一場多維度的夢境。這個故事要從我三十三歲那年開始談起。

當時，我很醉心於命理學，也很慶幸能活到這個頗為吉利的歲數。據說，這個年齡是靈性覺醒的起點。它在基督教故事中非常重要，因為耶穌就是在這個年紀結束了祂身為凡人的歷程。

從占星學的角度來看，來到三十三歲時，每個人星盤裡的天王星便會移動，而那顆行星讓我們得以喚醒較高層次的意識。在瑜珈傳統中，三十三歲也非常重要，如果人沒有在這時積極鞭策自己往既定的方向與目標前進，往後就會遭遇中年危機，除非那些衝突與紛爭能讓你越挫越勇，激發出更多的潛能和成長的能量。

事實上，就數字命理學而言，三十三是屬於「卓越數字」(master number，由重複數字所組成的歲數，如四十四、五十五)，它代表了三位一體的神聖創造力。許多人的潛能在此時被喚醒。

因此，三十三歲那一年對我來說，是很有意思的轉捩點。我的外在生活很精采，娛樂事業也蒸蒸日上。我的肉體開始覺醒，運動和健身變成了我的生活核心。從那時起，維持良好的體態也成為我表達自我的重要方式，這習慣延續至今已三十年了。那一年，我也開始認真地探索自我，專注投入於身心治療領域中。我鑽研各式各樣的療程、教學法、工作坊以及各種內在療癒的方法。

但是說實話，我也覺得很迷惘。雖然我甘願接受夢中世界帶給我的支持，但是心裡仍然知道，有些事情感覺起來還是很難捉摸。我在生意人的世界打滾得越來越成功，也越來越能由裡到外認識自己。但在表面下，我的內心暗潮洶湧，不安全感一直浮現，不確定人生是否要繼續這樣過。

因此，我非常期待在滿三十三歲的這一年會出現我迫切需要的方向感，但直到三十四歲的生日來臨，前景還是一片模糊。我不知道該往哪裡走、該不該繼續做原本的工作。此外，一段我殷殷企盼的戀情也沒有如我所願的開花結果，我背地裡感到失落又氣惱。

我感到失望的另一原因是，我當時的約會對象沒辦法在我生日的那個週末幫我慶生。為了補償我的遺憾，我們在下週末就從早到晚都膩在一起。但當天晚上，我的心情卻糟糕到了極點。我很不滿意自己的生活，內心渴望著更美滿的未來。在度過那個不怎麼甜蜜的夜晚後，兩人在床上都時睡時醒、睡得不甚安穩。

那天晚上是一九九年的八月三十日，過沒幾小時，在三十一日的凌晨，人類的集體意識受到激烈的拉扯，迸出了裂縫。黛安娜王妃逝世於巴黎的消息傳遍了全世界。我深信，這起震驚全球的事件，導致我在入睡時經歷了奇異的夢境。

等我睡醒時，我的約會對象已在電視機前觀看各大新聞媒體對這起悲劇的狂熱報導。在我仍流連於夢境空間時，這個世界已經遭逢如閃電般快速的劇變，人類的集體意識承受了深沉且永久的打擊。而在那個介於半夢半醒的神祕空間中，我經歷了如下所述的夢境。

靈性指導者現身

那天晚上，我進入到最後一段的REM睡眠時，稍早出現的種種混亂夢境皆紛紛退場，接下來我進入的特殊夢境，我這輩子從沒有體驗過。它跟清醒夢有點像，但又不完全一樣。我以前有做過清醒夢，它所散發出的整體感受跟在現實生活中沒有兩樣。但是這場夢境還有種朦朧感，就像是在一個幻境，而我所在的空間也很單一，不像大多數的夢境凌亂又多變。

我坐在一艘漂浮於湖面上的小船裡，就像在風景區裡，情人可以面對面坐著划的小船。這座湖很天然、很原始，四周圍繞著許多綠色植物，也帶有一股仙境般的氣質，感覺不像是在地球上。它看起來是個自然環境，但給人的感官刺激卻很強烈。它顯現出如大自然般的顏色，卻帶有一種不自然的彩度。寧靜的湖水半靜無波，映照出周圍景物的倒影，可是又寂靜地異乎尋常。

在這艘小艇上，與我面對而坐的是一個女人——我此生見過最美麗的女人。

當下我知道自己在做夢，所以這是一場清醒夢，但除此之外，我還知道自己不是在一般的夢境空間、也不是混亂的心靈世界。那個地方像是真實存在的場域、是某個多維度的平面。我的感官不斷擴張，還出現了非現實的感受。在累積了數十年的解夢經驗後，現在再來看這件事，我可以確定這是一場多維度的體驗，我連結到這個龐大的存在，並與它進行互動。這是我身為人類所具備的三維意識平時碰觸不到的。

我跟這位出現在湖面上的美麗女子展開對話，不過交流方式跟在現實生活中不同。這場夢境帶給我純粹的寧靜與優美的感受。透過心電感應，我收到了幾個相當明確的訊息。首先，她是來自上天的指導者，接著清楚地表示，她只會在我面前現身這一次。最後她向我保證，無論生命將帶我走向何方，一定都會是美好的。「有人在看顧我、指引我、保護我」，這次見面的目的就是將這些訊息植入我的人生觀當中。

做完這場夢之後，我脫離了REM階段，並進入睡眠癱瘓狀態。我們在第六章談到，這種狀態下會常在REM睡眠後發生，而那是我第一次有這種體驗；再加上後續接踵而至的神祕感受，令我不得不為它著迷。

經歷一場與多維度空間連結的夢境後，清醒前出現幻覺應該是正常的。我人還躺在床上睡覺、進行前所未有的空間體驗時，受到全世界矚目的超級大事正在發生。我認為，自己會經歷到如此神祕的內在體驗，就是因為外在世界也正經歷著天翻地覆的衝擊事件。

換句話說，集體意識的巨大羅網被那起驚天動地的大事件扯出了裂縫，我個人的意識才有機會利用這個破口，體驗到一次空前絕後的美妙、神祕夢境。

你們一定以為，自從二十五年前我認識了這位指導者後，她就一直與我同在，並永遠改變了我的一生。但實情並非如此。有些人能藉由心靈活動而直接地連結到自己的指導靈，但我沒有那種天賦。當我在聆聽個案的夢境故事、為對方提供協助、甚至是在寫作時，我都可以感覺到自己與神聖智慧有所聯繫。但是那位出現在湖面上的聖潔女子不曾再與我有過直接的對話。

這二十五年來，我必須獨自努力，在欠缺直接的靈性連結下，找到方法來與她保持聯繫。這些年來我的靈性能力成長、深化許多，而我的靈修基礎也都是奠基於我與她的持續連結。這位靈性指導者的能量遍及我的生命。

案例分享──伊萊與大母神的相遇

剛開始寫這本書時，我做了很多功課。針對夢境這個主題，我跟許多人坐下來進行深度對談，而當中最重要的採訪對象，是我認識了二十年的老友。

伊萊是我所謂的「都市神祕主義者」。如今高齡七旬的他，人生大部分的時間都在追求靈性體悟、嘗試與存在本身合而為一。雖然我和他各自要探索的路線差異很大，卻都是從三歲開始，便與涉及存在主義的神祕夢境建立連結。

我們約好要來聊聊他所經歷過的神祕夢境，不過在開始深入討論前，伊萊與我分享了一個發生在他二十五歲時的夢幻體驗，它在日後也成為他踏上靈性探索之旅的基礎。事實上，多年來，他所遇過的神祕夢境，最終都可以回溯到這個發生於五十多年前的瘋狂經歷。

他看到幻象的過程，其實就有如一場夢境體驗，既然頭腦及松果腺會製造DMT，那這個現象的起因也不難理解。前面提到，意識的強度會隨著睡眠階段而減弱，而松果腺也開始作用，以啟動入睡機制。人的感知力已降到極低，而夢境所顯現出的強大意象與視覺效果，可能與人體內所含有的DMT有關。但是，人在清醒狀態時，松果腺也能誘發如夢一般的神祕體驗，尤其是對於年紀較長、費了很多工夫在開發靈性的人。

有些人天生就比較容易接收到松果腺所誘發的幻覺。有時就算沒入睡，只要意識的感知力下降、DMT的含量暴增，我們也能體驗到強烈而夢幻的感官刺激。伊萊便有過一次這樣的體驗，那對他的靈性探索起了推波助瀾的作用。

伊萊自一九七一年開始記錄他的夢境，那時他才二十歲出頭。六年後的某天，他在三維空間裡的表層意識突然強烈擴張，致使他眼前出現了神祕的幻象。

伊萊當時還住在布魯克林，有一天他決定出外走走。正當他坐在床沿換裝時，意識突然開始退去，然後在一瞬之間，他看見神祕的景象：有個巨大的圓盤落在他的頭頂上方。一道道能量和光波在規律的高低起伏中散出，從圓盤的外圍朝他頭頂的中心而來。伊萊感覺到，坐落在他上方的是整個宇宙，他的心智和感知則被擺在了這個能量結構的中心。

過不了多久，伊萊聽到了一個聲音，像是從圓盤那裡發出來的，它只簡單地說了「你好」。不過，它所發出的不只有那兩個字。它還用地球上各個文明的語言、宇宙中其他星球居民的聲音發出「你好」的意思。那是女性的聲音，而在這個幻象的前半段，這句問候語一再地重複蕩漾，從圓盤的邊緣迴蕩到伊萊所在的中心處。它就只是簡單地說了「你好」。伊萊說，這段一來一往的對話就此開始：

「你好！」那個聲音說。

「妳是誰？」我回答道。

「你知道我是誰。」她如此回覆。

「我不知道妳是誰。」

這段對話就這麼重複進行了好幾次。

在進行到第三次結束後，我忽然意識到：

「我的天啊，她是上帝。她正在對我說話，雖然我又問了一次她是誰，但是我現在已經知道答案了。這些能量的波動傳來時，我聽見有如雷鳴般響亮的聲音，並感受到有金黃色的光芒往我的身上傾倒。」

她說：「你知道我是誰。我是大母神（the Great Mother）。我就是萬物的起源。」（編註：大母神是德國精神分析學家諾伊曼〔Erich Neumann〕所提出的女神原型。）

伊萊在清醒狀態下看見神明顯靈後，便決心要走上神祕主義者的道路。時至今日，他與大母神的互動已維持了半世紀之久。在人生中有許多時刻，他感覺到自己接通了這股能量，甚至像是在接收某種命令似的。從上天得到的訊息，都被伊萊收錄其著作《神之波》（*God Waves*）當中。這本書裡所記載的訊息可一路回溯到當年他在那場幻象中看見的能量波動。

接下來，我請伊萊描述影響他最深的神祕夢境，令我大感驚訝的是，那場夢竟然就發生在不久前。它也喚回了五十年前令他靈性覺醒的那一刻。幸好伊萊先提到他初次見到大母神時的情景，我們才能領略這場夢境的涵義：

我坐在一間教室裡，但那可能是透過視訊軟體Zoom所開的課。授課老師請我說明，對於大家剛才一起朗讀的那首詩，我有什麼樣的理解或感受。接著，我發現自己和一道金黃色的光芒漸漸融為一體。

我又再次接觸到了金黃色的光，它讓我回想起一九七七年所發生的事。在夢裡，我就這麼坐著，與這道金黃色的光——也就是上帝，那個「她」——融合在一起。我在夢裡還很慌張地想著：「這真的是一場神祕體驗嗎？我是在課堂上睡著了嗎？還是我的癲癇又發作了？」

在這一切感知同時迸發的當口，伊萊正在做夢，但卻擁有清明的意識。他人在一間教室裡；他精神醒了，但身體還在沉睡。他正在與這道金黃色的光合而為一，並沉醉在這場幻象中。搞不好，他真的是癲癇發作了。

我們在即將脫離深層睡眠時，偶爾會陷入半夢半醒的空間中。伊萊接著意識到自己正在做夢，而非癲癇發作。他在夢境中經歷了強大的靈性體驗。五十多年來，他年求知若渴、努力靈修，卻沒有做過這種夢。當意識逐漸恢復時，他不知不覺地在哼唱著一首在他二十歲時很喜歡的歌曲。由此可知，他的潛意識剛才回到了許多年前的那個重大起點，也就是激發他踏上靈性之旅的那個能量場。

案例分享——女神降臨

許多神祕的夢境都會出現散發著女性特質的能量體。亞卓安娜就描述了這樣的一個夢境：

我在做夢，然後我看到有個美得出奇的女子站在地球的中心。她的身邊圍繞著一圈閃閃發亮的乳白色光芒。有一個巨大的漏斗狀物體以尖端處朝向那個乳白色的光圈，而我好像正在往漏斗裡面倒東西。

她向我解釋，這個漏斗含有一切對我沒好處的想法、感受及信仰。她還告訴我，因為她對全人類有著無盡的愛，所以她願意吸收眾人持續投來的負面能量。不過，每個人都必須靠自己來傳遞這種能量。我感覺到一股前所未有、超乎想像的純淨的愛。她愛我們每一個人，無庸置疑。

這場夢境改變了亞卓安娜的人生。從此以後，她徹底變了一個人。她總算明白，自己不需要再緊緊抓住對自己無益的情緒及思考模式。理智上，我們都能明白這一點。但唯有親身了解到，原來有個充滿愛與包容的龐大能量體在支持著自己，我們才會放下執著。

這是亞卓安娜第一次在夢中與這個能量體產生連結，不過這份連結感從未消失，至今仍可帶給她愉悅的感受。她現在已經能順從直覺、釋放內心的煩憂，並將其交託給這位滿懷關愛、樂於承接的神聖女性能量體。

與聖潔的女神建立連結，是每個人與生俱來的能力。據亞卓安娜所述，她在夢中是與蓋亞女神（Gaia）建立了連結。蓋亞一詞原是拉丁文，意指「地球」，而在希臘傳統神話中，也有這麼一位女神。蓋亞誕生於太古之初，是地球的化身。不過，原始的神祇並未被賦予人類的個性，也不像近代的神明那麼受人崇敬。早期的神明是抽象的概念，而一般認為，蓋亞即是代表地球的女神。

以下要介紹的是黛安娜的夢境。

她形容「有位美麗的女性存在體」出現在她的夢中。黛安娜隱約感覺到，那位女性是宇宙整體的化身。那場夢的背景是一片深藍色的星空，這位存在體只露出了她的頭和臉。她臉上的膚色很引人注目，是寶藍色的，還有一雙又大又黑的杏仁眼。黛安娜說自己和這位女神在夢中四目相接，並從那溫柔、和藹的目光中感受到了祝福。這個畫面從此烙印在黛安娜的心中，即使過了許多年，她還是能感覺得到自己與神聖世界的連結。

下面要介紹的是喬吉娜的夢境，它和智慧女神（Wise Woman）的原型有關。這類夢境多數在一開始時只是普通的夢境，但當下我們是處於接收能量的狀態，於是離開了夢境世界，轉而進入多維度的空間。正如喬吉娜所說：「某一刻我忽然意識到，我正在經歷一場靈性體驗。」

在這過程中，她有幸能與智慧女神見上一面，內心因此充滿了無比的喜悅。喬吉娜做完自我介紹後，智慧女神便將雙手放在她的背上，開始為她注入一股神奇的能量，那是前所未有的感覺，此後也不曾再出現。在夢中，喬吉娜漸漸產生了清明的意識，雖然她第一次接觸到聖人的能量，但跟她想像中的感受十分一致。跟其他分享者一樣，喬吉娜從來不曾遺忘這場夢，當中的畫面也鮮明地烙印在她的腦中，成為了她日後尋求慰藉與連結感時的來源。

案例分享——西碧拉跨出舒適圈

西碧拉在本書執筆之際已年逾五十。一九九〇年夏天，二十四歲的西碧拉在哥本哈根取得了法學碩士的學位。那段時期，她的人生面臨了許多層面的挑戰，但最令她感到痛苦的是，她其實恨透了法學院，也沒有心想要成為律師。那是她母親的夢想，但二十幾歲的西碧拉還沒有勇氣捍衛自己的想法和立場，因此無法完全主導自己成年後的人生。

不過，一切都因為一場極具影響力的夢境而有了轉圜。有個來自神祕維度的意識體為她帶來了改變人生的契機。

畢業後那一年，西碧拉過著昏天暗地的生活。她每天忙著團團轉，只為了在她厭惡的法律界站穩腳步。其實她的戀情也有許多問題，麻煩一個接著一個、有如滾雪球般地越演越烈。西碧拉試著向外求助，也很幸運地找到一位略具靈性天賦的心理治療師；這對她急遽成長的靈性感受力很有幫助。

在這難熬的一年，憑藉著治療師的支持，西碧拉開始探索自己的內心深處，而這成為了關鍵點，她決定今後要好好善待自己的人生。

西碧拉必須面對的課題在於勇於冒險、敢於做自己。她得放棄法律這條路，將原本過的人生都拋諸腦後、出走遠行。此外，她還得放下眼前這段終將拖垮她的戀情。一段時間後，西碧拉發現自己站在光譜的兩端，陷入了左右為難的困境。她感覺得到，自己的內心燃起了一股大膽無畏的能量，足以自立自強地去闖出一片天。但她同時也感覺到，有一股勢均力敵的恐懼感在心中蔓延，不斷阻礙她的發展。再者，她的口袋不夠深，也無法任性地跳上飛機，率性地拋下原有的人生劇本。

但是，一切都因為一場夢而改變了。

她經歷的這類夢境與一般夢境有著極為明顯的差異，因此人們多半會將其描述為「神祕體驗」，而不是夢。以下是西碧拉對那瞬間的體悟所做的描述：

我看見自己年紀輕輕，卻已性命垂危。有個發光體坐在我左手邊的床沿，陪伴著我。這個存在體沒有性別，感覺像是個引路人或守護天使，祂非常善解人意、充滿憐憫之心。

我看見自己奄奄一息地躺在病榻上，其內心所感受到的悔恨和憂傷是如此巨大、如此令人難以承受。我從沒有感受過那樣深切的遺憾和悲痛。那位發光體淡淡地問了我一句：「這是妳想要的人生嗎？」

做完這個夢沒多久，西碧拉就決定面對自己心中最大的恐懼。過去，畏懼和不滿讓她無力採取行動、承擔風險，她不敢做重大決定，就連出門旅行也是戰戰兢兢。雖然這些改變令人害怕，但她必須面對自己脆弱的一面；要是沒有這些變化，她的人生就只會在原地打轉。

這場夢不停地在她的心頭重現，直到兩個月後，她總算買了一張回程日期未定的機票飛往舊金山。儘管身上背有債務，心中也仍懷有令她裹足不前的種種恐懼，她還是搭上了那班飛機，從此展開了屬於自己的人生。

西碧拉知道，她在那天晚上得到了一份很有力量的禮物。那場體驗非常強大，勝過平時腦袋瓜在製造一般夢境時的連珠炮反應。這場體驗銘刻於她的意識中，並對她的一生產生了莫大的影響。之後的數十年間，西碧拉也遇過幾次類似的情況，她發現那些發光體不是個別運作的，而且祂們所存在的環境是有特別的架構，當中有一座座宏偉的大廳。

在她的人生中，曾多次藉由這樣的夢境接收到重要的指引，但都沒有當年的病床畫面那麼鮮明清晰。她非常感謝這群引路人。

案例分享——凱瑞與天使的相遇

接下來所要介紹的這場夢，宛如一本人生使用說明書：教人如何改變、轉化、療癒及成長。凱瑞表示，這場夢改變了她人生的方向，引導她開始進行靈修，重新探索生活態度。在夢裡，她發覺自己飛在天空中；當她往下看時，她注意到自己映在地上的影子是有翅膀的。這象徵著我們總是聚焦在二維世界，然而，靈性基礎終歸是屬於看不見的世界。

隨著夢境繼續推演，凱瑞降落到了地面，身旁還出現了一名天使：

她長得很漂亮，但不是像我們一般所以為的女神那樣。她比較樸素、甜美，有一頭淺棕色的捲髮，身上穿著類似要去擠牛奶的連身工作服。

這幅景象令我聯想到女性對世間萬物的影響力。這位天使帶領凱瑞去接觸強大的原始能量，而這對於她的成長、自我實現、身心整合與療癒、自我實現都很有幫助。她的生命更完整了。在夢中世界，率先與凱瑞建立起連結的，是這股深具女性氣質的能量，但最後在凱瑞心中留下的，卻是一股極具男子氣概的力量。

凱瑞身旁的天使表示，她來到這裡的目的，是負責為凱瑞引薦更強大的能量：「請容我為妳介紹——火之天使長。」

就在這個時候，在一處竄著濃煙的森林裡，樹木被燒得面目全非。餘下的盡是被燒成灰黑一片、熱得冒煙的樹幹，就連地面也在不停地冒煙。整座森林變成了灰色和黑色，已經沒有東西可以燒了。

他從燒焦的樹林中走了出來，穿著一套紫色的天鵝絨服裝，看起來像是王子；他的身材很高挑，體格也很壯碩。

一般來說，火焰象徵的是改變，而生命本身是一連串的變化、是一次次微小的死亡與重生。這個場景所呈現的是，人類必須設法度過改變的過程，並獲取更強大的生存能量。另外，紫色代表的是高層次的精神意識，天使長借用王子的形象來激勵人心，凱瑞才能更加理解這股能量的性質。她繼續詳述接下來的夢境：

他率領了一支軍隊，但士兵們沒有在齊步行進。他們的動作並不拘謹，像是在做雜技表演。他做了自我介紹，並請我不要害怕四處冒出的濃煙，那不會傷害到我。他接著說：「我要帶你看個東西。」

於是，我跟著他穿過冒煙的森林，來到一處較有綠意的地方。那裡有個玻璃屋（或貨櫃屋），櫃體上開了一片窗戶，還有一個男人在裡面。天使長問我：「你看到了什麼？」

我仔細觀察了一下男人和整個環境。

他坐在屋內，腿部和膝蓋周圍有一個很大的傷口，滲出了黃綠色的膿液。他很執迷於那個傷口，一直用手去摳、去挖。我環顧室內，看到有一張被折起來的小紙條，我打開來看。發現那是他媽媽寫的，上頭寫著「我很愛你」。但是他對我說：「那不重要。」

我再次注視他，並對他強調：「不，那很重要。」緊接著，他的膝蓋就開始癒合，只剩下旁邊的地方還在化膿；傷口中央處已轉成紅色，逐漸復原了。他還是不明白重點在哪，但是我已經懂了。這場超現實又深刻的夢就到這裡結束了。

這場夢的涵義很簡單，基本上就是說：愛即是良藥。有一句老話說：「時間可以治癒所有的傷口。」這麼說並不正確，因為唯有愛才能夠治癒傷口。時間之所以起得了作用，只是因為我們需要一點時間，才願意讓愛進入內心，也才能讓愛發揮療癒的功效。

這場夢很有啟發性。凱瑞真實地見識到，人們總是任由傷口潰爛，但唯有敞開心胸、接納愛，治療才能夠展開，而傷口才能獲得修復。凱瑞說，這個夢境釐清了當代心靈探索與靈性治療的主軸：

應該把專注力和愛放在關鍵處。我相信這段訊息是為了幫助我們獲得療癒，此外它也傳達出，無論我去到哪裡，上天都在看顧著我、保護著我。

案例分享——克莉絲塔的靈媒之路

神祕夢境只是起點——出現在人生早期的夢境，往往會對做夢者的一生造成深遠的影響。

四十歲出頭的克莉絲塔職業是人生教練及靈媒。她總愛開玩笑說，早在她準備好要「靈性出櫃」前，就已經很熟悉自己的天賦了。而以下這個發生於許多年前的夢境，促使她從直覺力敏銳的普通人，轉變成靈性助人工作者，並善用自己天賦來服務各類客戶。她描述道：

我站在一片美麗而廣闊的原野中央。那裡有一尊以黃金打造而成、具有神靈屬性的巨大雕像。它帶有四肢，長得像印度國王，氣宇不凡、威風凜凜，卻又給人一種詭異、時空錯亂的感覺。

忽然一眨眼地，戰爭爆發了，國王的兵馬與反對派勢力在我的四周圍腥風血雨地開戰，寧靜的草原瞬間變成了混亂的戰場。我抬頭望向天空，看見天上也有一場大戰在開打，那是天使與魔鬼、光明與黑暗的戰爭。

我就這麼站在中間，同時觀看著這兩場戰役。後來，一位擁有天使外表的人物出現在我身邊，對我說：「這就是你此生的重擔——你能看得見、也能感受到天界與凡間的鬥爭。」聽見這句話，我感覺自己獲得了接納、理解與支持。

克莉絲塔醒來後，得到了一股強烈的信念，相信往後的人生會更加平穩。事實上，除了渺小的自我，宇宙中有更偉大的力量存在，只要你深信並理解這一點，便能感受到它無形的支持。每當克莉絲塔內心脆弱、快要崩潰的時候，這股隱形的力量便是她心靈的支柱。

做了那場夢之後，克莉絲塔便堅定不移地前進，一步一步成為夠格的靈媒、靈性作家及老師。一如許多同道中人的經歷，克莉絲塔的神祕夢境成為她此後人生一切際遇與發展的基石。

三十出頭的麥凱跟我說，在他大學畢業後搬到洛杉磯的那一年，自己感到很焦慮。他說：「我正面臨人生的重大轉變，要從大學生變成成年人。」當時麥凱的內在情緒也經歷了劇烈的波動，因此在遷入新居後，便設法找到合適的靈性治療師。他幫助麥凱解決了一些問題，內心滯留的能量開始疏通、流轉。麥凱心中的某種東西也被喚醒了，事後證明，這就是他靈性覺醒的起點，

讀到現在，我們也都曉得，靈性覺醒往往是從一場夢境開始的。

麥凱當時借住在一位朋友家，有天他聽著冥想音樂，便在充氣床墊上睡著了。值得一提的是，麥凱當年不習慣在睡前聆聽冥想音樂，但如今卻成為他的生活常態。就在天時地利的條件下，他在那個命定的夜晚聆聽冥想音樂的引導，也不知不覺地沉沉睡去。

在那場夢的開頭，麥凱只有一層薄薄的意識，並覺得自己往上飄離了地球。他在高點往下看，底下沒有任何生命存在的跡象，沒有建築、沒有聚落、也沒有地形地貌。他

表示，擁有這層觀察意識的應該是他，他卻覺得自己根本不在那場夢裡。他好像是脫離軀體的意識，正在看著自己、觀察自己。

在這個距離地球非常遠的地方，其空間無邊無際、非常黯淡，眼前是一片無光的黑暗。它很像是書上描繪的外太空，但是麥凱心裡知道，它超越了時間、空間，完全位於外太空之外。這樣的描述令人費解，但存在的無限本質就是這麼不可思議。麥凱說：

在這個無盡又彷彿近在眼前的空間裡，我看見有大量的能量帶緩慢地在移動，它們有好多好多種顏色。我從沒見過像這樣子的東西。它們很巨大，很強大，好像有百萬瓦特的能量要發出。

令人眼花撩亂的能量、色帶和光線在旋轉、在舞動，但速度很緩慢。「威力十足」還不足以傳達出我的感受。我找不到詞語來加以描述。那有點類似北極光，但又遠不只如此，那不是地球的能量，而是我無法形容的「星際能量」。

它的深刻與深奧，令我詞窮到只能說出「超級宏偉」。我從來沒有感受過這麼有分量、這麼有包容力的存在物。液體般的光線承載著無數個世界的重量，流動時卻又輕盈、輕快而敏捷。

它的規模遠遠超乎於我渺小的意識，但我感覺得到它就在那裡；如此靠近、如此親密，甚至就在我體內。這麼說也不完全正確，因為「我」並不存在於此，我只是個觀察者、見證人。而它是無窮無盡的。

由此看來，我在距離地球很遠的地方看著外太空。在這趟瘋狂迷幻的旅程中，我觀察著光線和能量的移動。那感覺起來不像是幻象或幻想，它是那麼令人難以否認地真實存在著。

麥凱醒來後，隔了一會兒才想起他人在朋友家的客廳，就在時髦的加州西好萊塢市。他從充氣床墊上起身去上廁所，一如每個平凡的早晨，他過了好一陣子才清醒過來。他慢慢地放掉夢裡的現實感，不再緊抓著它不放，就在這個時候，他聽見有聲音說：「那是靈魂空間（Soul Space）。」

第9章

好好睡一覺的神奇效力

睡眠衛生（sleep hygiene）這個詞所指的是，有意識地去準備入睡。現代人的生活過得比以往更加複雜，很多人都不會花心思去銜接清醒與入睡的過渡期，因此睡眠品質不良，甚至難以入睡。

不過，這些障礙其實是能解決的，改變入睡前的作息就可以了。眾所周知，睡前使用3C產品會抑制睡意，因為螢幕發出的光線會刺激松果腺，使大腦以為現在依舊是白天。因此，減少睡前使用3C產品的時間，就能更容易入睡。

這只是睡眠衛生所涵蓋的一環。此外，留心觀察自己在入睡前的習慣，並添加一些儀式感來提升睡眠的神聖性、莊嚴性，那麼就是在增進睡眠衛生了。

以我來說，我習慣在睡前把房子收拾乾淨。我十九歲在念大學的時候，非常難得地認識了一個熱愛靈修的年輕人。有天我去他的房間，很訝異地發現，他的房間整理得井然有序、床鋪得整整齊齊，整個空間帶給人一種樸實、平靜的感受。平心而論，大多數的大學生都很邋遢。不過，他還遞給我一本聖方濟的著作，希望對我有所啟發。他把房間維持得如此整潔，對於我的恭維與讚美，他回應是：「我希望家裡能隨時保持清爽，以準備好要接待他人。」我一進到他的房間，就馬上感受到了這一點。他的房間真的散發出愉快宜人的氣氛。

這段對話大大了轉變我的想法。從那一刻起，我的內心便種下了這個念頭：「我也希望家裡能隨時保持清爽，以準備好要迎接他人。」我把這原則應用到寢具。我每天早上起床一定會把床鋪整理好，希望到了晚上時、床鋪已準備好要迎接我的身體，而我也能好好享受甜美的死亡體驗。

除此之外，上床就寢前，我會巡視屋內，確認所有東西皆已收拾妥當，需要清洗或打掃的物品都已經清潔溜溜。這樣一來，當我進到臥室時，心裡便能感到安穩，整間房子已按照我所想要的方式準備就緒。接下來，我就可以盡情享受早上鋪好的床所帶來的愉悅和舒適。

我把這些準備工作當成我的睡眠衛生。睡眠是每個人最重要的生理需求。這個過程在運作時越整潔、越流暢，並以莊重的心態去看待它、實踐它，就越有可能培養及發展出豐富的夢境體驗。

案例分享──不同的睡前儀式

受訪者瑞希很認同「低科技臥室」的理念，為了確保不會受到輻射能量的干擾，她的寢室沒有安裝電視，也不能帶進手機。然而，為了預防半夜有突發狀況、有人需要聯絡她，她還是明智地把手機維持在開機狀態，並擺在另一個房間。此外，她還是在寢室擺了一台低科技的卡式錄放音機（很復古吧），它的輻射量超低，又可以用來聽音樂或引導放鬆的教材。而為了應付難以入眠的夜晚，她還準備了其他的法寶：

我為自己設定的目標是在睡前閱讀三十分鐘，但未必總是能達成，因為太累的時候就無法集中注意力。有時我會在睡前列待辦事項，這不會加重我腦袋的負擔，我也不用擔心等到明天早上起來有多少事要做。

進行每天的靈氣及冥想練習時，我會選一顆水晶握在手裡，或是放在靠近我的地方，接著把燈關上。等到全身放鬆，準備要飄進夢境的國度時，我會向宇宙表達感謝，特別是在我感到憤怒、憎恨、嫉妒、悲傷或失望的時候。

蜜雪兒從青少年時期便開始對夢境體驗有所涉獵。她表示，成年後的重要人生階段，都有出現強烈的夢境體驗。多年來，除了眾多祈禱文和咒語外，她也會利用網路資源，去搜尋各種與引導式冥想、雙耳節拍以及與聲音療癒有關的音檔及影片。蜜雪兒發現，有幾種特定的水晶，例如黑碧璽（black tourmaline，又稱黑色電氣石）和黑曜石（black obsidian）可以有效放大能量，引導她進入深層睡眠，在REM睡眠期間獲得更強烈的夢境體驗。她也習慣保持睡眠環境的單純與寧靜，不管是硬體的設施，或是在睡前所瀏覽的資訊內容。

珍妮特對睡眠環境的講究，可又更上一層樓了。她在床的兩側各擺了一個黑碧璽金字塔，床鋪上還放有魔仗，其成分是硒這種能量保護功效極佳的晶體。除此之外，她和伴侶也時常會焚燒鼠尾草或是其他焚香植物，並播放高頻音樂，在這樣的環境中悠悠入睡。她有一段經常誦念的祈禱詞：

祈求來到我身邊的，盡是良善。

祈求我所散播出去的，盡是良善。

以天母、天父、上帝之名祈求，必將成真。

念這段禱文的時候，她會想像有一個金色的立體金字塔罩住她的床，然後她會試著放下自己對他人的執念；在她感覺到周遭的能量特別強烈的時候，會把水晶放在枕頭下。

伊麗莎白發現，在心裡吟唱兒時熟悉的歌曲，就會自然萌生感謝之意。她告訴我，這感覺很類似於禱告，但重點在身體；她會想像，身體隨著心念所到之處，達到深層的放鬆。

凱琳研究神祕能量已有多年，她與我分享了一種少見、但是聽起來相當高明的放鬆技巧，而這需要具備很高的能量靈敏度才能辦到。凱琳說，她會集中精神，嘗試從大拇指去感覺心跳。她花了很多年才熟練這項技巧，但它所產生的放鬆效果出人意料，所以我也推薦給讀者去嘗試。

在本書的最後這一部分，我們將要來探討幾種方法，以幫助你獲得深層、全面性的夢境。為了有更好的夢境品質，我們需要改變日常作息，以尊敬的態度來迎接每晚的睡眠時間。

冥想：只要有嘗試，一定會有收穫

這句話要我強調幾次都不為過：想要與夢中世界建立強烈的連結，並強化生而為人所具備的直覺力，就必須養成冥想的習慣。事實上，倘若你還沒有養成這樣的習慣，那我建議你上網或到書店尋找相關的著作，並挑選適合你的冥想技巧。你的思想不等於你是誰，而冥想有助於幫你直接觸及自我存在的核心，並減少對各種自我認同標籤的依賴。

意識與思想有關聯，但是兩者並不等同。經由意識所產生的身分認同是你的核心，是你所直接認識的自性（Self）。但是，你還有思想以及好多好多的想法。不幸的是，這些不停冒出來的念頭迷惑了你，使你以為你的想法就等於你。但不是這樣的。

我們是極其美妙的存在，身心大部分的運作並無意識，完全是憑靠那自然而然的多維度體驗來構成基礎、維護。這樣的機制還能協助我們去探索這個神祕的世界。而冥想最終的目的是為了訓練及修整你的混亂想法，以突顯你的自性的重要性。設法去感受你的完整性，就能理解到，你的想法只是附加於此自性的產物。漸漸地，你就能明白自己的人生方向，而不會過度揣想。

很多人錯誤地以為，唯有心靈完全平靜，冥想才能算得上是成功。這麼說並不正確，只要能清楚覺察自己的念頭以及想法間的空隙，冥想就算達成目的了。要做到這一點，就必須先將注意力集中於某些單一的事物，例如呼吸、咒語或是禱告詞；也可以凝視蠟燭等物品，以做為心神的參考點。

冥想一開始要有方向。舉例而言，我們可以先專注於簡單的咒語上。請坐下來，在既定的時間內重複地對自己說：「一切都很好。」過程中，愛思考的心智會不時跳出來干擾；接受它，然後和緩地把心念轉向當下要誦唸的禱文就好。你會發現，有種種念頭在爭奪你的注意力，只要將心念聚焦於禱文，就是在進行冥想了。

在經年累月的練習下，你在冥想時會有更加清明的思緒，但心靈平靜不是唯一的目的。這份平靜會被種種想法給挾持，但只要你能心無旁騖地回到原先的焦點，並養成自我覺察的紀律，你的冥想就成功了。

舉例來說，在二十分鐘的靜坐時間內，你大部分的時間都在想東想西，但是你確實有注意到這種情況，並成功地把注意力拉回呼吸、禱文或咒語上，那這次冥想練習就達標了。雖然如此，不少人天生想法比多，而在嘗試冥想後，發現自己的內心混亂、失序，隨即宣稱冥想沒有用、不適合自己。冥想的方式有很多種，全都有助於你約束自己的心智。盡情探索，找到適合你的方法。你也可以跟我一樣，先熟練好幾種技巧，再順著冥想當下的感覺去選擇。前面提到，在入睡時，愛管閒事、注重思考的心智便會沉睡，因此，夢境能輕而易舉地帶領我們迎向神祕體驗。在夢裡，沒有紛亂的想法來分散我們的注意力，沒有雜亂的念頭會阻礙我們接收強大又細微的感知能量。

透過冥想就能訓練「靈性肌肉」；在睡眠期間，我們不需要訓練就能增強這種能力。不過，在現實生活中若善加培養它，人生一定會發生天翻地覆的改變。清醒時，用更開闊、更開放的態度去面對自己的念頭，但不要隨之起舞，就能在進入夢鄉時接納更多的神祕體驗。想要與意識的神祕之境建立強烈的連結，重要的不是如何進行冥想，而是有沒有實際去做。

記住並回想起夢境的內容

每個人都會做夢，只要每完成一次睡眠週期，就會做夢，只是不見得能記得住夢的內容。有些人在清醒後就很難回想起昨夜夢裡出現過的元素。因此，有些人說「我不常做夢」時，其實是不記得自己有做夢。

為什麼人們不記得自己做過的夢？有個較為直觀（但不精確）的原因：人類是依賴視覺的生物，都是透過視力來感知所意識到的一切。

人腦有些部位會判讀外界的訊息，並將之轉換為視覺上的刺激，好讓我們能了解自己面對的是什麼以及當下所在的時空；想像一下，有個線段穿過你的雙眼，直達你腦中專門控管視力的部位。夢境會帶來強烈的視覺體驗，但是在人腦中負責「看見」夢境的區域，並不包含與雙眼有關的視覺皮質。意識一旦甦醒過來，來自夢中的感知便會大幅減弱。睜開眼睛後，眼前便會湧現各式各樣需要判讀的資訊，而腦袋在做夢時所保留住的微弱影像便已消失殆盡，我們甚至還來不及意識到它們的存在。

有些人天生就比較容易同時察覺到這種感知，所以每天早上起床時都能清楚記得自己的夢境。但是對於許多人來說，攸關夢境的記憶並不牢靠，甚至有些人從來不曾感受過夢境帶來的悸動。幸運的是，你可以透過以下方法來增進對於夢境的記憶。

首先，你的意圖必須夠強烈。前面介紹了許多範例，你可以照著建立儀式感與集中意念，以獲得更深層的夢境體驗。請記住，意念的影響力非常強大，而儀式感是強烈的觸發因子，讓潛意識知道你很渴望與神祕世界建立深厚的關係，並在醒來後還記得夢境。因此，每天晚上就寢前，一定要告訴自己，你將能記住夢境內容。

想當然耳，假如你記憶夢境的能力還不夠強，記錄的過程就會斷斷續續的。因此，最好在床頭旁備妥一本夢境日誌。在這個科技進步的時代，有很多人喜歡在起床後使用錄音器材來錄下夢境的內容，這麼做並沒有壞處。但我比較老派一點，我相信以紙筆來記錄比較能觸動內心。書寫有助於讓潛意識的素材融入你的意識，這是口述可能無法達到的效果。然而，不管是透過何種方式來記錄，最重要的一點是要能就近執行；清醒後就要盡快記下夢境內容，不要等太久。

接下來是更關鍵而有效的原則。無論如何，每天都要寫點什麼（或是錄點什麼），即使你寫下來的是：「我不記得昨天晚上有做夢。」接著稍等一會兒，看看在你轉身去做其他事情前，有沒有浮現出什麼記憶。這個步驟很重要。你的潛意識會因此知道，你已經準備好、也很渴望接收更多訊息，而它就會給你更多的回應。我聽過有不少人在練習這項技巧僅僅一週後，回憶夢境的能力便有了大幅提升。

一覺好眠的魔力

睡眠品質至關重要。想要進入深度睡眠、恢復元氣，身體得放鬆，心情要能保持安寧，還要能不被打擾地完成至少三次的睡眠週期。壓力過大、營養不良、忽視健康問題、缺少運動，身體就很難放鬆並進入深度睡眠。身體和大腦有自己的智慧，它們能透過睡眠來自我修復。因此，協助身體去執行它的內在功能，對我們有許多好處。以下是幾項調理方法和注意事項。

營養補充品

人體有天然的睡眠輔助物，像是褪黑激素。此外，有些草藥所含有的物質也能誘發放鬆效果，例如纈草根和卡瓦胡椒。有些研究顯示，鎂也有助眠的功效。艾草也能放鬆身心、促進深層睡眠，並提升夢境的鮮明度。雖然有些自然療法沒有獲得科學證實，但只要是有效的助眠手段就能引發強大的夢境。在阿育吠陀的傳統中，穗甘松便是助眠的藥用植物。

3C產品

為了打造不受干擾的睡眠空間，請避免在臥室放置電子設備，路由器更是遠離臥房越遠越好。在規劃居家空間時，請盡量讓臥房包持低科技的配置。睡眠是由松果腺所誘發的，而它對光線非常敏感。縮短睡前接觸螢幕的時間，就是提升睡眠品質的關鍵。睡前一小時最好不要暴露在這些光線中。除此之外，有些人的共感力很強，在心靈層次上也很敏感，那麼在睡前就不應吸收太多社群媒體的資訊。

引導式冥想

這是很有效的放鬆方式，有助於安定思緒、進入深度睡眠，進而讓身體獲得充分休息。網路上有很多相關的音檔及影片，你只需要動動手指即可享用這些資源。除了透過話語來誘發放鬆狀態，有大量研究顯示，特定的聲音頻率也能安定心神。舉例來說，雙耳節拍的音響和節奏能影響腦波，進而讓身心放鬆，並增強睡眠的深度。

水晶

很多人喜歡把水晶放入睡眠儀式中，比如將它放在枕頭底下，或會配戴水晶手環上床。水晶的頻率能帶來淨化的能量，讓我們更容易放鬆入睡。

身體活動

自慰是放鬆身心的絕佳方式，不但能釋放多餘的能量，還能使身體沐浴在由荷爾蒙所激發的幸福感中；性高潮更是強大的助眠體驗。此外，放鬆身體也是好方法，它能有效減少白天所累積的壓力。因此，就寢前做做伸展操不只能助眠，也能成為睡前儀式。冥想也能讓身體平靜下來，並達成漸進式放鬆的效果。躺在床上時，可以想像自己身體一個部位接著一個部位地慢慢放鬆：從雙腳開始，然後逐漸往上移動。隨著想像力的暗示，身體各個部位將會不自覺地放鬆；你的幸福感會提升，睡眠的品質就更好了。

睡眠儀式

神聖的儀式很有效，但正如其他的生活任務，你必須先確立方向和意圖。既然你想要進入更深刻、更豐富、更鮮明以及更神祕的夢境，那就不能用消極的態度入睡。透過儀式和宣言，你就能將這個期待轉變成為強大的意念。

以上所列各項方法，都可以用來改變你的睡眠態度與習慣，讓你順利地從清醒狀態進入睡眠的甜蜜死亡。有明確的方向、以專一的精神來迎接每天的睡眠時間，那麼在迎向生命中的其他任務時，也會帶有同樣的意識、意念和專注力。由這樣的生活態度所展開的人生，就會更有價值和意義。

結語——生命是一道謎題

想要擁有精彩絕倫的人生，最關鍵的方法，就是去跟生命這道謎題打交道。出於宇宙無限多個偶然的因素，我們所在的太陽系才會如此特別，包括白天和黑夜的對立和輪替。依循地球的運轉軌道，這個世界被劃分為沐浴在陽光照射下的一方，以及沉浸於黑暗中的另一頭。

我們活在有形的軀殼裡，就跟著日昇日落在清醒與睡眠狀態間來回切換。這樣的軀體不知有何目的，而當中的生命力如何運作也是充滿謎團，包括奧祕的睡眠體驗。

人們追尋光明、懼怕黑暗，卻在有生之年的每個夜晚遁入睡夢中的幽黯世界。我戲稱那是睡眠所帶來的甜蜜死亡體驗，它讓我們得以去學著去面對生命終將到來的盡頭。若死亡是生命的終極奧祕，那麼夢境便是最佳的途徑，讓我們直接了解到隱藏於意識外的生命全貌。

心靈的奧祕與生命的精髓都在潛意識中，但在清醒狀態下，意識會遏止直覺發聲，所以後者才會如此地寂靜、幽微。直覺所傳達的訊息通常難以察覺。唯有解開束縛，讓注重思考的心智安靜下來，我們才能開展直覺，並接收到從潛意識傳來的指引。

思索夢境即是在思索自己的神性，而加深你對於這個層面的理解與認同，就能活出優雅、從容、無拘無束的人生。透過本書，我希望能幫助你了解到，想要擴展及增強與生俱來的直覺力，只要在每次進入夢鄉時放開心胸就好。藉由夢境，你就能喚醒自己被掩蓋許久的能耐。我相信你已經準備好要把這套觀念帶入人生發展的下個階段了。但套句我在生活中常說的話：開始做才是最重要的！

作者簡介

麥可・蘭諾克斯博士（Dr. Michael Lennox）

身兼心理學家、占星師以及解夢專家，經常登上SyFy、MTV、NBC等頻道，以及無數的電台和Podcast節目，並經常於*Today's Woman*、*TV Guide*、*Star*及其他眾多雜誌發表文章。蘭諾克斯博士教授自我探索課程，並主持自己的Podcast節目《意識的體現：和蘭諾克斯博士一起聊聊占星與夢境》（Conscious Embodiment: Astrology and Dreams with Dr. Michael Lennox）。

個人官網：www.michaellennox.com。

人生顧問 539

靈性夢境：預知未來、啟動直覺力與內在療癒

Psychic Dreamer: Exploring the Connection between Dreams and Intuition

作　　者—麥可・蘭諾克斯博士（Dr. Michael Lennox）
譯　　者—石一久
責任編輯—許越智
責任企畫—張瑋之
封面設計—陳文德
內文排版—張瑜卿
總 編 輯—胡金倫
董 事 長—趙政岷
出 版 者—時報文化出版企業股份有限公司
一〇八〇一九臺北市和平西路三段二四〇號一至七樓
發行專線／（〇二）二三〇六—六八四二
讀者服務專線／〇八〇〇—二三一—七〇五、（〇二）二三〇四—七一〇三
讀者服務傳真／（〇二）二三〇四—六八五八
郵撥／一九三四—四七二四時報文化出版公司
信箱／一〇八九九臺北華江橋郵局第九九信箱
時報悅讀網—www.readingtimes.com.tw
法律顧問—理律法律事務所　陳長文律師、李念祖律師
印　　刷—勁達印刷有限公司
初版一刷—二〇二四年十月十八日
定　　價—新台幣四〇〇元

時報文化出版公司成立於一九七五年，並於一九九九年股票上櫃公開發行，於二〇〇八年脫離中時集團非屬旺中，以「尊重智慧與創意的文化事業」為信念。

靈性夢境：預知未來、啟動直覺力與內在療癒／麥可・蘭諾克斯博士（Dr. Michael Lennox）著；石一久譯
--- 初版 --- 臺北市：時報文化出版企業股份有限公司，2024.10
面；14.8×21公分. ---（人生顧問539）
譯自：Psychic Dreamer: Exploring the Connection between Dreams and Intuition
ISBN 978-626-396-858-5（平裝）
1.CST：夢　2.CST：解夢　3.CST：潛意識
175.1　　113014681

Psychic Dreamer: Exploring the Connection between Dreams and Intuition

First published in the United States by Llewellyn Publications Woodbury, MN 55125 USA
www.llewellyn.com
This edition arranged with Llewellyn Worldwide LTD.
through Big APPLE AGENCY, INC. LABUAM, MALAYSIA

ISBN 978-626-396-858-5　Printed in Taiwan